三つ子の魂百まで

どんぐりでのコマづくり。幼いころに遊んだ記憶は何年たっても新鮮で、タイミングよく回るコマの作り方を忘れてはいない。（日野・長沼公園）

目の前に木があれば、登ってみたくなるのが子どもの心理。見ている方は少々ヒヤリとするが、この木登りでアフォーダンスの訓練。（八王子・小宮公園）

藤の実。緊張の連続を乗り越えることができた人のみが採ることができる。
（日野・平山城址公園）

挑戦するかどうかは自分で決める

木登りの名人。わずか数分で７メートルくらいの高さまで登って行った。（日野・長沼公園）

踏み台の先端まで行っては見たけど、この先どうするか、結構勇気のいるところ。（日野・平山城址公園）

遊びが遊びを生み出していく

ロープを引っ張ってのぼることを繰り返している遊び。子どもたちは飽きることなく遊び続ける。
（日野・平山城址公園）

大人も童心に帰れると何をしていても楽しいもの。何をしているのかなーと、ずうーと付き合ってくれる子どももいる。
（長野県信濃町）

子どもたちが遊んでいる間に、ピザづくりを楽しむお保護者。（日野社会教育センター）

自然のなかで遊びきる

切り倒しただけの木を自分たちのおもちゃにしてしまう子どもの感性。
（日野・平山城址公園）

川遊びをしていると、少し流れのある方にも行ってみたくなる。思いのほか流れが速いとわかると、突然慎重になっていく。
（山梨県北杜市・尾白川）

ダイナミックな遊びを楽しむためには、何回も、何回も練習して、初めて挑戦する勇気が出てくる。
やめるという、勇気も必要な時がある。
（新潟県南魚沼市・五日町）

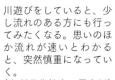

水平線に沈む夕日。10 月中旬頃に、橋げたにささる真っ赤な夕日は、ただ見ているだけで、心が豊かになってくる。（このページはすべて甑島）

心いやされる自然のめぐみ

甑島のシンボル、鹿の子百合、夏になると島中に咲きほこる。

島の北西部の山裾が太古から風波に崩れ潮風で造った幅 50 メートル、長さ約 4 キロにわたって続く砂州。

食卓をはなやかにする海の幸

桟橋に出れば魚釣りが楽しめる。釣れた魚は、フライ、さつま揚げ、煮つけなどの料理で楽しむ。サッと揚げて三杯酢につけ込んだ小アジは絶品。

島を代表する巻貝「しったか」は海水で茹でて食べるのが一番おいしい。

甑島特産のきびなごは、刺身に、フライに、さらに、煮てよし、焼いてよし。

ふるさとを満喫

甑島で、船をチャーターしての沖釣りや磯遊びは、島ならではの、少々贅沢な遊び。ちなみに著者は、船舶1級の免許を持っているが、船酔いがあり、めったに乗らない。また、幼い時、食べた魚の骨が喉に刺さった記憶があり、生の魚はやや苦手。

甑島の食事は、その日に採れた野菜と、魚で、刺身などの様々な料理が出るが、女将直伝のさつま揚げは、一度は食べる価値あり。

甑島を外から眺めると、数億年前にこの島が隆起したことを証明する、断崖絶壁を楽しむことができる。

古きをたずね
新しきを知る

日野社会教育センター45年前の - 八ヶ岳自然学園。当時は参加を申し込むのに、朝4時ころから保護者が並んでいた。
（山梨県・北杜市）

45年前に新潟県五日町で行われた、冬の自然学園では、雪遊びだけではなく、豪雪地帯の文化に触れる学びもした。
（南魚沼市）

60年前の甑島、家族総出で海藻取りに出かけていた。子どもたちは、ひたすら海遊びを楽しみ、お腹がすけばにぎり飯をほおばったが、実に楽しい思い出である。

森のようちえん冒険学校

自然体験で　生きる意欲と　賢さを

中能孝則

Kフリーダム

まえがき

そんなに遠くない昔。子どもたちは、地域の広場や自然の中で仲間と群れて遊ぶことが日常的でした。川遊びをしたり、海で貝や魚を、野山では木の実を採ったり、野生動物を追いかけまわしたり、地域の広場では缶蹴りや鬼ごっこ・チャンバラなど、日が暮れるまで夢中になって遊んでいました。

また、悪戯が過ぎれば、地域のおじさんおばさんから叱られるなど、地域コミュニテーも豊かでした。子どもたちはそんな遊びを通して、本物の自然の豊かさを感じ、仲間関係を培い、心もからだも鍛え、人間的にも成長し、生きる力を身につけてきました。

しかし、都市化・核家族化・電子メディアの普及などにより、子どもたちが近くの公園や自然の中で群れて遊ぶことは少なくなり、子どもの体力や好奇心そして人間関係を築く社会性もまた低下してきたように思えます。

加えて、新型コロナウイルス感染症が続くいま、子どもたちにとって当たり前であった日々の自由な遊びができなくなり、ストレスが溜まっています。

当初、私たち「森のようちえん&冒険学校」でもアウトドア活動を自粛していましたが、自然のなかは密集・密閉・密接を避けて遊ぶことのできる格好の場所であると判断し、子どもたちの〝思い切り遊びたい〟という欲求に応えていこうと、感染症に気を配りながら、自然のなかでの活動を展開しています。

また、〝夢中になって遊ぶ〟そのものの中に学力と科学的素養の芽が包含されていると脳科学者が示唆しています。

子どもたちの成長・発達に欠かすことのできない遊び、特に自然体験を志す人々に活用されることを願って、この本をしたためました。

中能孝則

寄稿

Educationの原義に戻った実践

東京大学名誉教授　日本保育学会第8代会長
白梅学園大学名誉学長　ぐうたら村代表　汐見稔幸

自然の中で子どもたちを自由に遊ばせることの大事さはずいぶん前から言われているのですが、自然の中で自由に遊ぶことが子どもたちの育ちに実際にどう影響するのか、レイチェル・カーソンが「センス・オブ・ワンダー」を育むのだといったこと以外は、あまり明確にはなっていないように思います。そういう問題意識で読んでいくと、中能さんのこの本には、その中身を示唆することがふんだんに出てきて、さすが苦労してここまで日野の森のようちえん、冒険学校を育て上げてきた人だと感心することしきりです。

山を登る人になぜ登るか聞いたら「そこに山があるからだ」といったという名言がありますが、なぜ自然の中で遊ぶのかと聞いたら、子どもたちは多分「そこに自然があるからだ」と答えるでしょう。自然の中で夢中になって遊ぶとき、子どもたちの頭の中では時間というものが消えています。時間が消えてしまって、周りの空気、におい、地面の感触、水の音、葉っぱ、枝等の存在そのものが、まるで自分の体の延長のようになってたちあらわれてくるとき、子どもたちは自然と一体化しています。大人にはもうめったにできない体験、いや経験です。

かつて哲学者の西田幾多郎が「純粋経験」と呼んだ経験が、自然の中での子どもたちの夢中体験の中で実現しているのです。大脳の皮質だけで情報処理をするのではなく、五感をつかさどっている部位のすべて、いや命や感情をつかさどっている無意識の部位も一緒にそのまま情報処理に参加する経験です。大脳の皮質だけを重視して、その延長で科学と技術をつくり結果として環境を壊してきた近代人とは異なる、命のレベルで周囲と共生する体験、経験です。

親世代の中には、子どもたちが、自然の中で火をおこす練習をする、木登りや川遊びをして冒険する、というけれども、大人になったらそんなことしないでも生きていける時代ではないか、火がおこせるようになるということに現代社会でどんなメリットがあるのか、と疑問に思う人がいるかもしれません。

そういう人には、中能さんたちは、私たちはそうしたスキルを身に着けてもらうために子どもたちが自然の中で遊んだり冒険するのを進めているわけではない、と多分言われるでしょう。私もそう思います。いろいろなスキルは確実に身に付きますし、自信も育ちます。でもそれ以上に大事なのは、自分を多様に試す体験、自分の好きなものを見つける体験、一から十まで自分で計画し失敗しても自分で責任をとる体験、仲間と心おきなく協働する体験、等を通じて、たった一回しかない生きるという営みの中身を、自分で設計し、自分で主人公になり、自分で演じる練習をしているのだと思います。また、自分を活かしてくれているこの地球というかけがえのない星の命と共生する喜びを体験しているのだとも思います。

この本は、中能さんの長年の実践の実に丹念な記録であり整理です。内容は、自然のなかで子どもたちが様々に活動し、そこで豊かな育ちを実現したいと願っている人にとって、実に用意周到で細やかなガイドラインにもなっています。またそうした体験をした子どもたちの親のリアルな声が聞こえてくるものになっています。

同時にその中身は、森のようちえん関係者だけでなく、幼児教育関係者、いや学校教育関係者にとっても確実に役に立つ原理集にもなっています。教育という語はeducationの訳語ですが、大きな誤訳だという人がいます。もともと人は教えられるから育つのではなく、自分で自分をもっと上にいかせたいと自ら挑むから育つ存在で、その手伝いがeducationと言われているものです。だから、教え育てると書いた「教育」が誤解を与える役割を果たしてしまったといわれているのです。

その意味でこの本は、educationをもとの意味に戻そうという意欲的な試みで、保育者にも、教師にも、なるほど、という納得を与えてくれるものだとおもいます。広く読み継がれてほしいと思っています。

寄稿

子ども時代の自然体験活動は、人間性の基礎となり、未来につながる

NPO法人『森のようちえん』全国ネットワーク連盟
理事長　内田幸一

本書は中能孝則さんの永きにわたる野外活動の実践から、彼がつかみとられたエッセンスが随所に散りばめられ、魅力ある言葉でつづられています。後から進む者には確かな道標となるでしょうから、ぜひ読んでいただきたいと思います。また、氏の語る心地よい響の声にも、機会があれば耳を傾けていただければと思います。穏やかな口調と経験から語られる子どもたちの姿は、私自身もまるでそこにいたかの様な気分にさせられます。

中能さんは子ども時代に過ごされた南九州の甑島《こしきしま》、家族や仲間と豊かな自然の中で過ごされた記憶をいまも鮮明にお持ちです。半世紀以上昔のことでしょうから、21世紀の現代に比べれば、きっと野生的な毎日を過ごされたのだと思います。

子ども時代の体験は、その後の人生に何らかの影響を与えていることは、どなたも否定はされないでしょう。著者が取り組む野外活動や森のようちえんは、自らの体験にも裏打ちされた、彼特有の信念を貫くもの

です。子ども時代に、子ども自身が直接関わる様々な体験のなかで、自らの可能性や人との違いを知り、お互いを認め合う関係、仲間と協力し事を成し遂げるすべを子ども達がつかみ取るためには、そこに関わる大人たちが何をすべきなのかを、述べています。

日野社会教育センターの館長として日々の社会教育活動を展開し、若いリーダーや広く一般の人々へも国内外の情報を提供すべく、デンマークやカナダへの研修旅行を行うなど精力的に動かれるとともに、日本アウトドアネットワークや森のようちえん全国ネットワーク連盟に永年関わって来られました。

これら半世紀近い取り組みは、私たちに多くの示唆を与えてくれます。急速に変化する社会のなか、未来を生きる子ども達にいま、何を提供すべきなのかを示しています。

高度なテクノロジー社会が、ロボットによる産業構造の変化を生み、ＡＩ（人工知能）によるビックデータ処理や医療・バイオ技術の発展がもたらす影響がどの様に作用するのか。しかし、どの様な未来社会が待ち受けようと、子ども時代の自然を通じた体験やそこで培われる豊かな感性が、人間性の基礎となることを著者は本書を通じて私たちに伝えています。

成長した多くの当時の児童達や保護者からの寄稿は確かにこのことを証明していますし、氏が人との繋がりを大切にし、幼い子ども達が成長する過程をつぶさに見守ってきたなかで確信したことだと、私は受けとめました。本文の寄稿にあたり、著者のこれまでの取り組みには最大の敬意とその努力・行動力に対する尊敬を惜しむものではありません。

目次

第2章

森遊びで育まれ、身につけていく生きる力　40

第3章

〝安全に安全に〟は最善の策ではない　59

第4章

リーダーのホスピタリティー 88

第5章

野外活動を楽しむためのイ・ロ・ハ 119

第6章 参加者や保護者からのメッセージ 141

プロローグ

「森のようちえん」のはじまりはデンマーク

１９５４年、デンマークの一人のお母さんが「子どもたちを幼いころから森のなかで自由に遊ばせたい」という願いを実現させたいという思いから、自分の子どもたちを連れて自然のなかに出かけて行ったことが始まりといわれています。デンマークでは、森の保育園と呼ばれています。発足してから67年が経ちます。

日野社会教育センターでは、１９９３年より、デンマークに学ぶ社会福祉の研修（1週間の研修）を実施してきました。デンマークに在住する澤渡夏代ブラントさんと共同で毎年企画し連続25年、延べ28回、参加者は５００名を超えました。

研修は、デンマークの一般事情をレクチャーするところから始めました。講義の内容にデンマークの森のようちえんがスタートした当時の社会的な背景やデンマークの子育てに関する話があり、その内容の一部をここに紹介します。

「森のようちえん」のはじまりの背景

デンマークでは1950年代からの産業の発達とともに労働者が都市部に仕事を求めて移り住むようになり、労働人口の増加にあわせて住宅を確保するために高層アパートが建設され、子どもを持つ家族が移住してきました。

当時の保育事情は十分とは言えず、高層アパートに住む子どもたちの自然との関わりが不足気味でした。デンマークには都市部でも、アパートの近くには自然豊かな林や野原がたくさんあります。

近所のお母さんたちが交代で子どもたちを連れて自然のなかに出かけるようになり、やがて保護者による自主保育という形で園が運営されるようになりました。

自然のなかに出た子どもたちは、のびのびと遊び、たくましく成長していきました。そんな活動に関心を持った自治体もその効果を認め、伝統的な園舎での保育とは異なる、自然のなかでの保育の必要性を認め、「自治体で予算を組みましょう」ということになったのです。

その後、徐々にデンマーク全土に森の保育園が広がっていきました。こうして森の保育園は、各自治体が保護者に対し子どもをあずける場所の選択肢のひとつとして運営されるようになり、その違いは「ブナの林」か「園舎」のどちらかでしかないだけで、そのどちらも国が定める保育方針に沿って幼児期の保育にあたっています。

国の子育てと人育ちの理念

デンマークの保育園を訪問すると、早朝から床に子どもたちが輪になって座り、何やら話している光景を目にするときがあります。

それは「子どもミーティング」と呼ばれるもので、おとな（保育士）があらかじめ持っているいくつかのプランのなかから、子どもたちに午後に何をしたいか、意見を聞き、自ら決められるように参加させているのです。このように幼いころから「あなたはどう思うの？」「あなたはどちらを選ぶ？」というように「自分で考える・決定する」というプロセスが始まっています。

▲森の中にある森のようちえん

デンマークでは、「国民一人ひとりが自分の意見をもち、自分で物事を考え決定できる自立した人間に育つ」ことをめざしています。デンマーク人は自分で進みたい教育、就きたい仕事、そして家庭を持つ伴侶を選び、自分で設計した人生を送りたいと思っています。

デンマーク人は、自分が望む進学先は自分で決め、就きたい仕事も自分で情報を集め、家庭を持つのも自己決定することが当たり前。この自立・自律の精神は、成人してから急に備わるものではなく、すでに幼児期から「自分で考えること・自分で決めること」を生活のなかで学んでいきます。基本は、個を尊重し、ものごとを決めるために「選択肢」があることです。自分で自分の人生を選び、自分らしく生きることができれば、その結果が「生きる喜び・仕事への喜び」へとつながっていきます。

国全体に「人が大事な資源である」という考えが基本にあり、その土台となる保育・教育の現場で自立・自律精神を豊かに育むという目標に向かってカリキュラムを作り、具体化しているのです。

▲倒れている木は格好の遊び場所

子どもの個性を伸ばす

「出る杭は打たれる」という言葉がありますが、デンマークでは、社会のコンセンサスとして「みんな違ってみんないい」という考えのもと、それぞれに個性があって当然で、むしろ「出る杭は育てる」ことを大事にしています。

デンマーク人がモットーにしている「子ども時代は子どもらしく」は、遊びを通して自分を発見し、自分の可能性や限界を知り、自分を発展させることを見すえての考え方です。また、「競争や管理から生れるものは何もない」という考え方も一般的です。

競い合うとしたら、自分の発展のための自分との競争であり他人と競うものではない。「管理」は個人の資質を奪うだけ。子どもの成長に関わるおとなは、子どもがもって生まれた「らしさ」を引きだすアドバイザーなのだ、ととらえているのも特徴的です。

学びのプラン（幼児教育カリキュラム）

デンマークのすべての保育園は、社会サービス法のなかで定められている6項目からなる【学びのプラン】を軸に、保育に当たることが義務付けられています。この法律は、保育の目的をより明確にするために2000年に施行されました。各保育園は、この【学びのプラン】6項目の枠組みをベースに、それぞれの保育園のカラーを出しながら、日々の保育にあたっています。

【学びのプラン】6項目とは、次のとおりです。

① 総体的人格形成。
② 社会的能力の発達。
③ 言葉の発達。
④ 体と運動。
⑤ 自然と自然現象を知る。
⑥ 文化的表現法および価値を学ぶ。

この6項目を、季節的にやるのか、年齢的にやるのかなどの選択は、各保育園の采配にまかされています。また、この6項目の一つひとつを日常どの様な方法で実施するのかについては、次のようなガイドラインが作成されています。

▲子どもの質問にはきちんと答えていく

具体例として【社会的能力の発達】項目を意識して保育にあたる

とき、

① 子ども自身が学べること

友だちと何かを一緒にやる（協力）。保育園でやる事の相談に参加する、など。

② どのように発達させるか

友だちの話を聞く。ほかの子を助ける。遊びを見つける。悲しがっている友だちを慰める。人が集まるとき、友達と遊ぶとき、散歩中などに体験したことを話す、など。

③ おとな（保育士）ができること

周囲の空気を和らげる。子どもが共通に興味をもち影響ある課題を提供する。喧嘩や衝突が起きたとき子どもに解決方法を提案し、促す。共同体の一員として子どもが積極的に参加することや責任を促す、など。

ごく一部を紹介しましたが、デンマークの保育園の保育士と子どもの関係は、日常の会話でも保育士が「子どもに、話す」のではなく、「子どもと、話す」姿勢であり、保育の基本は、褒める・聞く・話す・見守る姿勢をとり、子どもの自己肯定感の育みを促しています。

さらに、この乳児・幼児保育の【学びのプラン】幼児教育カリキュラムは、人間形成の基礎として位置づけられ、学校教育に受け継がれ、やがてデンマーク社会の大事な担い手・人的資源として成長していきます。

▽ここまでの記述（17〜22ページ）は、澤渡夏代ブラント著『デンマークの子育て・人育ち』を参考に、著者ご本人のアドバイスとご了解をいただき掲載させていただきました。

ぼくがデンマークで受けたカルチャーショック

子どもは目的地を知っている

子どもたちと一緒に森のなかを歩き始めると、彼らは徐々にバラバラになり、自分のやりたいことに夢中になっていきます。デンマークに限らずどこの国の子どももそうなので、最初のうちはあまり気にならず、私は、最後尾の子の後をついていきました。

ふと頭を上げると、本隊ははるか先を歩いていることに気がつきました。デンマーク語ができない私は、日本語で「早くしないとおいていかれているよ、先に進もう」と話しかけました。しかし、彼はまったく動じずススキの穂の種を取ることに夢中になっています。そこで彼のそばに行って肩をたたき、本隊の方を指さしました。彼は振り向いてニコッと笑っただけで、再び道端の草とたわむれているのです。

しばらくしてやっと歩き出し、本隊に追いついたときには、とっくに仲間は弁当を食べていました。そこで、園長先生に思い切ってたずねました。

「日本では、子どもは途中で置いていくということは考えられないのですが……。」

▲自分のリズムで森を楽しむ

「あの子はこのグループが今日はどこに行くのかよく知っているし、私たちも時々は確認して、大丈夫だなと思っていましたよ。」

先生方は、どの子がどこにいて何をしているか、わかったうえで、全体の歩み具合を把握しているようでした。つまり、「大人のリズムで」森を楽しませるのではなく。「子どものリズムで」森を楽しんでほしいと願っていたのです。私は、日本で子どものことを第一に考えてこのような活動ができているだろうか、とまずは反省させられました。

ニンジンは皮つきのまま

お弁当を食べているようすを見て再び驚きました。弁当箱のなかは、主食の黒パンサンドとニンジン、キュウリやパプリカがそのまま入っているのです。まさかと思いましたが、黒パンサンドを食べ終わった子どもは、ニンジンを皮つきのままかじり始め、別の子はなんと、ダイコンも皮ごと丸かじりしていました。日本とは文化が違うと言えばそれまでですが、ついつい比べてしまいました。聞くところによると、デンマークでは、ニンジン、ピーマン、キュウリは、お弁当に入っている定番で皮ごと食べていて、ぶどうも皮ごと食べているそうです。

▲ニンジン、キュウリ、ダイコンは丸かじり

そういえば、田舎で育った私自身、小さいころのおやつは、井戸水に冷やされていたキュウリ、トマト、

小ぶりのダイコンを丸かじりでほおばったものです。お腹もすいていたのでしょう、実にみずみずしくておいしかった記憶がよみがえってきます。ところで私たちは、いつからこんなことをしなくなったのでしょうか。

▲手で触れて落ちてくるのが食べごろのキイチゴ

「キイチゴはこういうふうに採るんだよ」

森のようちえんに同行していたら、子どもがキイチゴを見つけ、先生に「採ってほしい」と頼んだら、先生は藪のなかに手を伸ばし、黒く熟したキイチゴを採っては子どもたちに渡していました。

子どもたちは、とてもうれしそうに笑顔になって食べていました。すると、子どもたちは、自分でも採れる場所にあるキイチゴに手を伸ばしてとって食べ始めました。

そこで私も近くにあったキイチゴに手を伸ばしていざ採ろうと思ったら、そばにいた子が「それはまだ駄目だよ」と言っているように聞こえてきました。彼が、黒く熟したキイチゴの下に手を当てて優しくさわるとポロンと落ちてきました。つまり、黒いからよいのではなく、キイチゴにさわったときに自然と木から落ちるのが食べごろである、と教えてくれたのです。

日本の子どもたちにもこのような体験をたくさんさせたい、と思いました。

森のなかで自由に遊んでいる子どもたち

デンマークの森のようちえんを訪問し、子どもたちと一緒に遊ぶなかで次のようなことを感じとることができました。

・子どもたちは、自然の遊びのなかで、何にでもチャレンジしてみたくなる好奇心と、想像力、創造力が育ち、その楽しさを体験することができ、それが確かな賢さにつながっているのではないだろうか。

・楽しい遊びにつきものの小さな【ヒヤリ・ハット】を経験し、遊びに自信を持ったり、不安になったりするなかで、大きな【ヒヤリ・ハット】を察知したり、認知したり、回避する能力が鍛えられていくのではないだろうか（本能的な直観力）。▽ヒヤリ・ハットの詳細は後述

・たくさんの遊びをするなかで、本来どの子も持っているその子らしさを身につけることができるのではないだろうか（個性と多様性の力）。

第1章

日野社会教育センターの活動——心ときめいた日々

三つ子の魂百まで

私は、1974（昭和49）年、「公益財団法人社会教育協会日野社会教育センター」に就職、青少年の集団活動や、野外活動・自然学校の企画、運営に携わることになります。当初は右も左もわからず、上司や先輩の指導を受け、ときには叱られながらの活動を45年間、社会教育の活動に取り組んできました。そのときに一緒に活動した子どもたちはすでに50歳前後になっていますが、いまでも年に数回、語り合う会を行っています。多いときには15名を超える仲間が集まります。振り返ってみますと、実に45年間彼らの追跡調査をしてきたようにも感じます。共通して言えることには、どの子も、

・自分で判断して結論を出し、行動する力を身につけている。
・自分らしい生き方を模索しつつ活きいきと生きる方法を身に着けている。
・生い立ちや学校、年齢の壁を越えてお互いの生き方を認め合って姉弟のように仲がよい。

一口で言えば、一人ひとりが社会人として自立しているのです。そして、いつも少年時代の野外活動の思

▲スリル満点のやぶ歩き

い出話が飛び出します。なかでも、

・チョウチョを追いかけまわし、道なき道を走ったこと。
・下着が緑色になるまで遊びに夢中になった草滑り。
・着のみ着のまま川に飛び込み、帰りは濡れたままの服装で電車に乗って帰ったこと。
・南アルプスからの日の出を見ようと、朝まだ暗いうちから起きだしたこと。
・3泊4日、雨ばかりで、ずぶぬれのキャンプ活動。
・眠さと戦いながら一晩中歩きとおしたナイトハイク。
・伊豆大島では、帰る日の朝、波打ち際で遊んでいる子どもたちに大波が押し寄せてずぶぬれになり、着るものがなくパジャマ姿で船に乗り帰ってきたこと。

特にスリル満点で、ヒヤリとした遊びが感受性の鋭い子ども時代の心に深くしみ込んでいるようです。まさに〝三つ子の魂百まで〟とは、このようなことを言うのではないでしょうか。と言っても、私たちが特別なことをしたわけではありません。「子どもたちが自然のなかで思い切り遊び、人間が持っている五感を鍛え、その先にある第六感（感性・直観力）を育んでほしい」という思いで、ボランティアリーダーとともに、積極的に取り組んできました。

ところが「あの人は子どもを遊ばせてお金をもらっている」という声が聞こえたこともあり、少し落ち込むこともありました。それでも、自然の風をからだ全体で感じながら遊んでいる子どもたちのキラキラした瞳と笑顔、何よりも保護者の方々の「日野社会教育センターの活動を信頼していますので、安心して続けてください」という励ましの言葉が、前に進める力となりました。

そこで、保護者の皆さんの期待に少しでも応えていこうと、リーダーとは月に数回の打ち合わせを兼ねて学び合うミーティングの機会をつくり、大いに討論し合ったものです。

そのときにたどり着いたのが「子どもの権利条約」でした。

そこには、子どもの権利について、「世界中のすべての子どもが、心身ともに健康に、自分らしく育つための権利です」と書かれいます。大きく分けると「生きる権利」「育つ権利」「守られる権利」「参加する権利」の４つがあります。

米国の教育学者であるヘンリー・ターナー・ベイリー博士は、１９６４年、教育審議会で「子どもの生まれながらの権利」と題して、次のような講演をされています。

・すべての子は泥んこになって遊び、小川の水をはねかえし、小鳥の歌う神を讃える歌を聞く喜びを知らなければならない。

・夜明けや日没のえも言われぬ輝きに彩られる大空、すてきな宝石のようにきらめく朝露の下りた朝の景色、星が息づき、またたく、広い夜の空を眺めなければならない。

・子どもは花や蝶など、寓話の世界をつくりだした野生の生きものといっしょに生活しなければならない。

・子どもは、はだしで歩き、雨に打たれ、白樺の木にまたがり、松の枝を滑り下り、山や高い木によじ登り、透き通った水のなかに飛び込むスリルを味あわなければならない。
・湿った大地、刈り取ったばかりの草、甘いシダ、ハッカ、モミの木、家畜の吐息、海から入り江に吹き込む霧のにおいを知らなければならない。そして、木々が雨や風に応えることば、さざ波や滝の音、嵐の海のたけり狂う声を聞かなければならない。
・子どもは、魚をとり、干し草の山に乗り、露営《ろえい》し、たき火で料理をし、見知らぬ土地を歩きまわり、大空の天井の下で眠る機会を持たなければならない。
・若いころに自然の世界と祝福された生活を楽しんだことのない者は、自然、小説、歴史、絵画それから音楽ですら、すみずみまで理解し、そのよさを味わうことはできないのである。

いまから57年前の内容ですが、いまの時代にこそ十分に説得力ある内容ではないでしょうか。それを裏付けるように、私たちが森のようちえん活動を始めた10年前は150前後であったこの団体もいまでは全国に広がり、300団体にも増えました。まさに全国的にその必要性が認められ、求められるようになってきたと思います。

一方、野外活動には怪我をするなどのリスクもあり、ときとして保護者が過敏になりすぎ、責任問題に発展することもあります。

そのため、リスクマネージメントをしっかりと身につけた指導者を育成しなければなりません。何よりも保護者の皆さんには、〝怪我と弁当は自分持ち〟の精神を理解していただき、親と指導者が一丸になって、子どもたちの野外活動に積極的に取り組んでいきたいものです。

私は、子どもたちと初めて会ったときには、こう自己紹介します。

「はじめまして。ボクの名前はヨンタと言います。実はサンタクロースになりたくて、フィンランドのサンタ村にあるサンタ学校に通っています。ボクの夢は、サンタクロースになって、クリスマス当日、皆さんにプレゼントを届けたいのです。

サンタ学校の校長先生から、日本には、子どもたちが森のなかで自由に遊んでいる森のようちえんや冒険学校があるので、そこに行って修行をしてきなさいと言われたのでやって来ました。皆さん一緒に遊んでください。よろしくお願いします」。

子どもたちからは、「そうなんだ。ところでいま何歳で、あと何年修行したらサンタさんになれるの」「トナカイの引くソリに乗る練習はするの」「いまは雪が降っていないけど、今日はどのようにしてきたの」「白いひげはまだないの」等々、さまざまな質問が出ます。

そこで、「ボクはいま一八五歳で、あと一五年修行したらサンタになれる予定です。ソリに乗る練習は雪が降ったら毎日します。今回は雪がなかったので飛行機で来ました」「ひげはサンタクロースになると決まったら伸ばします」と、真面目にこたえることにしています。

子どもたちは「わかった！友達になってあげるよ、よろしく」と、友達になることを快諾してくれます。

そして、私の話したことをおおむね信じてくれるのです。このような話を信じてくれるのは、物心がつき始めた3・4歳から7歳（小学校2年生）くらいまでなので、日野社会教育センターが主催する「森のようちえん&冒険学校」は、体力的なことも考え、4歳から7歳までの募集としています。

つまり、子どもたちが、大人の話したことをおおむね信じるのは、わずか5年程度です。このあいだに、

▲どんぐり遊びに夢中になる

感受性の鋭い、純真無垢な子どもたちに何を体験させることができるか。大人は子どもたちの行動や考え方を細かく観察したりしながら、日々学び続けることが必要です。

もちろん成長していくにつれて、自分の目の前に起きていることが、事実かそうでないかについて悟っていくことも、社会的には大事なプロセスであると思います。

日野社会教育センターの「森のようちえん&冒険学校」は、月1回のイベント型です。２００９年６月５日、小宮公園（東京都・八王子市）で幼児６名、小学生６名の参加を得、第1回ともいうべき「森のようちえん」を行いました。しかしその後、期待に反して参加者は思うように増えず、苦労の連続でした。

そのような状況を見ていた経営会議の幹部からの「館長がついていて赤字の事業をいつまで続けるのですか?」という声に、私も担当した職員も少し落ち込んでしまいました。しかし、公益財団法人社会教育協会黒水恒男理事長から「このような活動は最初からうまくいくことは少ない。引き続きぜひ頑張ってほしい」との励ましの言葉をいただき、担当職員一同、勇気百倍で頑張ることができました。

さまざまな意見が寄せられるなか、私はこの活動を始めるにあたり、担当職員に、「理念や方針、目標や運営の注意点などをつくろう!」と呼びかけました。またメンバーには、幼児・青少年の野外活動に携わっている職員をはじめ、公益財団法人社会教育協会の黒水恒男理事長、元白梅学園大学の金子尚弘教授、元小学校教諭の椿坂俊夫さんにも参加していただき、毎月の活動の様子を報告しながら、月1回の予定で本格始動しました。

結局、足掛け2年の歳月をかけ、最後まで議論を重ね、手直しもしながら何とかやりきることができました。担当した職員たちは「いまでも何かあったら立ちどまって、振り返ることができます。苦労したかいがあったと思っています」と、生みの苦しみと喜びを語ります。

さらに、個人の記録をつけて保護者に報告する連絡ノートをつくったり、学習会を開いたりするなど、「森のようちえん&冒険学校」を広げていく工夫を重ねました。

やがて、この活動の大切さを理解してくださった保護者の方々の紹介などもあり、参加者が徐々に広がり、2年目には、2クラスになり、財政も上向きになっていきました。

すると、多くの職員から、運営委員会や理事会などで「日野社会教育センターの売りの一つは、森のようちえん&冒険学校の活動です」と声が上がるようになり、あらためて、取り組んできてよかった、と自負できるようになりました。

また2010年4月には、「子育てと森のようちえんフォーラム」を、12月には、白梅学園大学・白梅学園短期大学との共催で「都会の子どもたちにも森のようちえん体験を!」を実施しました。このフォーラムは毎年2回実施しました。

さらに2014年から、この活動を社会的にも広めていこうということで、かねてからおつき合いのあった学校法人宮村学園　日野・多摩平幼稚園、学校法人浦野学園 八王子すみれ幼稚園、啓明学園初等学校のみなさんと共催で3年間実施し、多くの方々に参加していただきました。

日野社会教育センターの「森のようちえん&冒険学校」

自然との共存は生きる知恵

人間は、その歴史のなかで、自然と共存し、敬《うやま》い畏《おそ》れながら生活してきました。家族の助け合い、地域のつながりは、厳しい自然のなかで生活するには必要不可欠なものであり、生きる知恵でもあったのです。

世界では、文明の発達とともに自然との「共存」のあり方や、家族形態に少しずつ変化がおこりました。日本では戦後の経済成長によって環境汚染や核家族化という問題を生み出しました。

子どもを取り巻く環境、また子育て環境も大きく変化しました。そして現代、この急激な変化のなかで子どもが成長し、大人となり、変化する社会のなかで子育てをしています。このような状況のなか、身近な自然のなかにこそ、人間が生きる上で必要な知恵をつける素材が豊富にあることに気づかず子育てしている、あるいは気づいていても、直ぐには方法がみつからないといったケースが多くあります。

自己判断に必要な「感じる心」「行動する力」は、自然との出会いやふれあいのなかで培われるものであり、その体験はやがて知識や知恵を生み出す源になります。

日野社会教育センターでは１９６９（昭和44）年の開館以来、幼児、青少年を対象にした自然の持つ神秘さ不思議さに目を見はる感性（センス・オブ・ワンダー）を育む野外活動に積極的に取り組んできました。

幼児は、近隣自然公園の水路散策やハイキングが日常的に行なわれ、ときには武蔵五日市方面（現・東京都あきるの市）に泊りがけで出かけることもありました。

青少年は、ＪＲ中央線や青梅線沿線の自然を舞台に毎週のように活動し、宿泊を伴う最初の活動は八ヶ岳山麓の清里高原（現・山梨県北杜市）で行なわれました。

やがて、当センターが主催する野外活動は質、量ともにニーズが高まり、北は北海道・美幌町から新潟県・佐渡島、南魚沼市、十日町市、南は鹿児島県の甑島《こしきしま》、そして沖縄へと広がっていきました。

そして、１９９３年からは、デンマークを訪問して学ぶ、社会福祉研修をデンマーク在住の澤渡夏代ブラントさんとの共同企画で始めました。デンマークの社会福祉についての施策と考え方の根本に幼児期の自然保育の在り方がある、と分かったので、研修の一環として幼稚園や保育園を訪問し、自然保育園や「森のようちえん」の活動にも同行させてもらうようになり、自然保育のありかたを深く学ばせていただくことができました。

もとより私たちは、自然との共生を育む活動を広げていく必要性を強く感じていたので、これまで取り組んできたセンターの活動に自信を持つとともに、この研修で学んだことをフルに活かすために、あらためて幼児と青少年を対象にした野外活動を「森のようちえん＆森の冒険学校」と位置づけ、イベント型の活動としてスタートしました。

この活動は、社会の閉塞感と行き詰まり、人間活動の自然とのかい離が危惧されるなかにあって、自然をよりどころに、ひとつの「生涯教育」的な試みとなるに違いないと確信を持ちました。

森のようちえん〝コッコロ〟森の冒険学校〝ほぴっと〟のめざすもの

理念

私たちは、「森のようちえん&森の冒険学校」において本事業に参加する子どもたちに「感じる心」「行動する力」が育まれ、「感性」が磨かれるような自然体験活動を行います。子どもたちの力を信じ、自分自身の力で感性や本能、多角的な視点や考え方を身につけられるような活動づくりをめざすとともに、学びと試みを常に実践します。

運営目標

① 自然に親しむ心を養う。
② お互いを尊重しあう心をはぐくむ。
③ 社会性を身につける。
④ コミュニケーション力を身につける。
⑤ 自分の可能性を見つける。
⑥ 自分の限界を発見し、何度も諦めず挑戦する心と体をはぐくむ。

⑦ 保護者や地域とともに子どもを育てられるネットワークづくりを担う。
⑧ 保護者も活動を通して自然の必要性を感じる。
⑨ 地域（市民・企業・団体）の新しい公共財として、財源・人材を確保し発展させる。
⑩ 命の大切さを学ぶ。

運営方針

① 子どもの「やりたい！」を実現するように見守り、その子その子の満足度（希望・要望）をかなえてあげられるようにする。
② 子どもの体の成長や心の発達などを理解していくために、研修や学習会などに参加し、さらに、発信できるように努める。
③ 職員・スタッフは様々な場面に対応できるよう、日頃からいろいろなことに興味を持って見聞を広げるようにする。
④ 職員・スタッフは常に子どもの目線に立ち、子どもの感性や発見を共有できるようにする。
⑤ 人と人とを結びつけ、発展させる場所づくりに努める。
⑥ 大人向けのプログラムを提供し、子どもの送り迎えの際に自然に対する理解を深めてもらえるよう声掛けする。
⑦ 自然との共生を育むことを目的とした活動団体や個人にむけて、情報交換や学習会などの機会を広げていくネットワーク作りをする。

▲スリルを感じながら木登りを楽しむ

⑧ 結果や応用に関する情報を共有するため、ホームページで告知したり、会合などで意見交換をする機会を持つ。

⑨ 安全について、その活動場所、対象、時期に応じて安全計画を立てる。

具体的なこととして心がけたいこと

① 幼児、低学年の発達段階や心理的なことについて学び合う（自分は子どものことをどこまでわかっているか－常に自問自答する）。

② 対象はなぜ2年生までかを理解する。

③ 幼児5領域（健康・人間関係・環境・言語・表現）を学び理解を深めていく。

④ 子どもから学ぶためによく観察する。

⑤ その子の力はどこにあるかを見抜くリーダーの力量を鍛錬する。

⑥ 身の丈に合った活動と、少し背伸びしたくなる冒険心を大切にする。

⑦ 一日の活動のなかで子どもたちのことについて、どれだけの情報を集めることができるか、その能力を高めていく。

▲時間を忘れてダンボールすべりを楽しむ

⑧　自分の考えや思いを常に整理しておく（自分は何を大切にしていて、何をめざしているかをはっきりさせる）。
⑨　その日の活動を楽しむための計画や安全対策（リスクマネージメント）を学びあい（後述）、意識を常に高めておく。実習も怠らない。
⑩　子どもたちに経験してほしいヒヤリハット（別頁：安全に安全には最善の策ではない）について討論し合い学び合う。
⑪　活動場所の四季について学び合って理解し合う（できれば熟知する）。
⑫　アレルギーなどについて理解を深める。
⑬　ロープワークは確かな技術を身につける。
⑭　植物や昆虫についての知識を広げていく（特性を知る）。
⑮　遊びの達人をめざす。

第2章 森遊びで育まれ、身につけていく生きる力

子ども時代の自然体験は、生涯に影響する

子ども時代に体験した好奇心と、型にとらわれないユニークな発想を生涯持ち続けることができたら、なんと素晴らしい人生となることでしょう。その好奇心は、自然のなかの遊びから生まれてくること、その体験から賢さの芽が生まれてくることに気がつきました。

たくさんの遊びに裏付けられた自信と謙虚さは本物だと思います。それは、本物の自然のなかで遊ぶことができたからです。子ども時代の小さな体験の積み重ねこそが大きな自信につながる可能性を秘めており、その経験は一生涯にわたって影響してゆきます。

好奇心を伸ばしていく遊び

勇太君（4歳）は、人がやっていることは何でもやってみたくなる子どもの一人です。先輩が遊んでいた

木登り用のロープを借りて自分もいざ挑戦、しかし何回挑戦しても先輩のように上手に登ることはできません。それでも飽きることなく何度も何度も挑戦しましたが、靴を履いたままでは木の肌をとらえることができず、ずるずると滑ることに気がつきました。

するど、今度は靴を脱いで裸足で挑戦しました。5本の指は木の肌をしっかりととらえ、滑ることなく、ついにてっぺんまでたどり着くことができました。

▲先輩の真似をして木登りに挑戦

〝誰が教えることでもなく、本人が気づく〟、これが遊びのだいご味であり、大切な学びだと思います。しかし大人はときとして「あぶない！」と、止めたり、大人が手を貸して登らせたりすることがありますが、それは子どものやってみたいという好奇心を奪うことにつながるでしょう。もちろん本当に危ないときもあるので、その判断が迫られるところです。
このとき大人は、子どもに何を体験させたいのか、どこから先が本当に危ないのかを学び、知る必要があるのではないでしょうか。そのためには、大人も童心に帰って木登りを体験する必要があるように思います。

動物的本能の開花と仲間のことを思う心が育つとき

道なき道をかき分けながら、藪のなかを歩く山登り（やぶこぎ）は、まさに未知との遭遇であり、わくわくする活動のひとつです。手はどこをつかんだらいいのやら、足はどこに置いたらいいのやら。そして少しでも油断すると木の枝や竹の幹がはじけて、容赦なく顔や体にぶつかってきます。まさに動物的本能を出し切り、五感を研ぎすませ直観力をフルに使う活動です。

この活動は、自分自身の身を守ることが最優先であり、人のことなど気を遣う暇はなく、ただひたすら前を向いて登ります。そしてやっと開けた場所にたどり着いたときには全力を使い切り、へとへとでしゃがみこんでしまいます。だから楽しいのです。しかし、振り返って見ると次の仲間が汗びっしょりになって全力を振り絞りながら登って来ます。すると、登り切った子どもは登って来る仲間に手を差し伸べる。この行動は、誰が教えたわけでもなく、自発的であり、やさしさが芽生えるときだと思います。

このような体験こそが社会的な絆を育む入り口につながっていくのではないでしょうか。人に手を差し伸べる心は、これまでに誰かに手を差し伸べてもらったことが記憶のどこかにあって、自然のなかではそのことがごく普通にできるようになります。

また、このやぶこぎ活動は冬季に行いますが、この時期には虫が少なく、すっかり広葉樹の葉っぱが落ちているので、夏場よりも見通しがよいからです。しかし、道なき道を全身を使って歩くこの活動は体力を消耗することは当たり前で、着ている服と靴は泥まみれになり、たまにはズボンや服を木の枝などに引っ掛けて破れることもありますが、子どもたちはとても楽しみにしている活動の一つです。

ある朝、集合場所に集まった子どもたちに「今日はやぶのなかを探検しながら歩きます」と話すと、ほとんどの子どもたちが、「やったー」と歓声を上げます。もちろん強制はせず、自分の判断で通常のコースを選ぶことも自由に選択できます。

すると、保護者のなかには、やぶ歩きを選択した子どものそばに寄ってきて「あなたは、やぶ歩きはしなくていいからね」と耳打ちをしています。子どもは、「うん」とうなずきます。しかし、親と別れて歩き始め、しばらくしてコースを選択する場所につくと、先ほど「うん」と言った子どもが、やぶ歩きコースの方にいるのです。大人のアドバイスもわかりますが、子どもは自分がやってみたいコースを選択できるから最後まで頑張ることができるし、達成感を味わうことができるのだと思います。

全国には、親と一緒に活動する森のようちえんもたくさんあり、それはそれで大切にしてほしい活動です。が、何よりも子ども自身が活動する意思を大切にしていただきたいものです。

▲後から登ってくる仲間に手を差し伸べる

刃物を使う力が生まれるとき

人間は危険なものを使いこなすことができたからこそ、いまの文明を得ることができました。そのひとつは刃物を使うことです。

そこで、私は、森のようちえんに行くときは、必ずリュックのなかに、よく切れるノコやナイフを常に持参しています。子どもが使いたいと伝えてくれれば、自由に使ってもらうようにしています。またリュックのなかにはナタも入っていますが、子どもが自由に使いこなすには危険度が高いことから、ナタだけは大人と一緒に使うことにしてあります。

リーダー間では、子どもに刃物を使わせるにあたって、次のことを大切にしています。

① とにかく体験させる。
② 体験させる前から「あぶない」は禁句。
③ 少しの怪我は覚悟させる（保護者にも理解していただく）。
④ 後輩は先輩のしぐさを見て、自分もやってみたいと思い挑戦するもの。しかし、すべてがうまくいくわけではなく、ときには怪我をすることもあり。このような体験の繰り返しで自分でもできるか、できないかを判断する力を養うように見守る。

▲慎重に、慎重にノコを引く

ほとんどの人が、豆腐を手のひらに乗せてそれを包丁で切りながら味噌汁のなかに入れた経験があると思います。しかし、最初はだれしもがおっかなびっくりであったことも事実で、なかには少々手を切った経験のある人もいると思います。が、何回も体験するなかで包丁は押したり引いたりしない限り手を切ることはないことを知り、やがて危ない包丁を自由自在に使いこなすことができるようになります。

ところで、刃物は日々の手入れが必要不可欠ですが、なかには刃物の管理に無頓着な人もいるようです。必要に応じて買い替えるか、自分でメンテナンスができないときには専門家に手入れをしてもらうことが必要です。よく切れる刃物を使うからこそ、それを使う子どもたちも真剣になり、切れることのすばらしさと怖さを体感することになります。

一方、切れない刃物を使うときには思わず大きな力が入ることがあり、その結果、大きな怪我をすることがあります。子どもに刃物の体験をさせるときには大人の責任として、大きな怪我をしないためにも、きちんと管理されたよく切れるものを使うことが大切です。

遊びの成功・失敗で、判断する力が育まれる

6、7歳になると、自分の力でこの木に登ることができるだろうか、またぶら下がることができるだろうかという好奇心がわき、体験してみたくなります。
木の枝にぶら下がったほとんどの子どもたちは、体を前後に動かし木から飛び降りることができます。

一方、ぶら下がってはみたけれど、飛び降りる勇気がなくて助けを求めてくることもあります。そのとき大人は子どもの体をそっと支えるように構えてから、「大丈夫だよ」と声をかけて、子どもが安心して手を離して飛び降りることができるようにしています。

▲恐る恐る木にぶら下がる

また、木の枝につかまってはみたものの下を見た瞬間に怖くなり、やめる子どももいます。だからといってやりたくないわけではなく、うまく飛べている仲間の様子を見ながら、再び挑戦してくるのです。

そして、小さいときから自分で判断して、行動に移してみる体験こそが、将来さまざまな困難に立ち向かうエネルギーに代わっていく可能性を秘めていると思います。

なぜうまくいくか、いかないかという理屈を知ることも大切ですが、遊びのなかでは理屈よりもまずは、感覚的な体験の繰り返しが、「無理かな、できるかもしれない。そして、できた」につながっていきます。

そこには、挑戦してみたいという気持ちが必要であり、それができたときには大いにほめてあげたいものです。子どもが健やかに大きく成長するには、幼児・青少年期の自然体験こそが大切で、社会人に向けての丈夫な根を張ることにつながるにちがいありません。

自分の限界を見極める力が育ち始めるとき

緋時君《ひとき》（7歳）は木登りの天才です。我々の見た目には到底登れそうもない木も彼の目にそうは映らないらしく、手当たり次第にするすると登っていきます。そして気がつけば、7～8メートルくらい上まで登り、枝が二股に分かれたところに腰かけてあたりを見回しています。

「何か見える」と聞くと、「遠くの方までよく見えてきれいだよ」と言い、彼にしか見ることのできない景色を楽しんでいるようです。しばらくしても下りてこないので「何しているの」と聞くと、「ただいま休憩中」と木の幹に背中をつけてゆったりとして、なんとも羨ましいかぎりです。

人間の祖先は間違いなくサルのような霊長類ですが、彼はその才能を身近なところで引き継いでいるような気がするほど、木登りについてもたぐいまれな才能の持ち主です。

ある夏の活動日。子どもたちは、梅の木に群がってくっついているセミの抜け殻を見つけて一生懸命に取ろうとしていました。しかし、どうしても取ることができません。そこで緋時君に頼んで取ってもらうということになったようです。頼まれた緋時君は、二つ返事で梅の木にするすると登り、セミの抜け殻を取って下にいる仲間に落としてくれました。しばらくすると、一人の女の子が枝の先の方にあるひときわ大きな抜け殻を見つけ、それを取ってほしいと頼みました。

緋時君は首を縦に振ると、左手で幹を持ち、足の位置を確認しながら、大きな抜け殻がある枝の先へと右手を伸ばしていきました。もう少しで届くだろうと思ったその瞬間、大きく傾いて緋時君はバランスを崩しかけました。それを見ていた全員がヒヤリとしたことはいうまでもありません。しかし、一息ついた緋時君は、左手の幹を持つ位置と足の位置をほんの少し変えて態勢を整え直し、これまでの経験をすべて出し尽くすかのように再び挑戦し始めたのです。

▲木登りの天才はのぼり方を知っている

慎重に、慎重に右手は伸びていきます。そして、抜け殻に届こうとしたそのとき、梅の木は再び大きく傾き、ついにセミの抜け殻を取ることはできませんでした。それを見ていた全員が大きく息をのみ、「もういいよ」というと、緋時君は「ごめん。いまのボクには無理」と話しながら降りてきました。その瞬間、大きな拍手がなり響きました。

年端も行かない子どもが「いまのボクには無理」とは、なかなか言えない言葉ではないでしょうか。子ども時代はさまざまな遊びを通して、自分の限界を知ることができるチャンスがたくさんあります。その限界を知ることで、再び挑戦しようという勇気も湧いてくるのだと思います。

その後も森に出かけるたびに木登りを楽しむ緋時君でしたが、あるとき「この木に登ってみたい」、と枝の入り組んだ木を指さしてしばらくその木の周りをまわりながら上の方を眺めていました。一度、挑戦はしましたがすぐにやめて、「この木は難しいかな」と話すのです。私たちにはどこが難しいのかよくはわからなかったのですが、彼はこれまでの経験から、登れる木と登れない木を見極める力を身につけていたようです。この体験こそが、「これはできる、これはできない」という判断の基礎につながることは間違いないでしょう。

後日、緋時君と会うと三角巾で腕を吊っていました。「どうしたの」と聞くと、近くの公園の木に登り、

2階より高いところから落ちて骨折したとのことです。木登り名人の緋時君がまさかとは思いましたが、まさに油断大敵。〝猿も木から落ちる〟のたとえがあるように、どんな得意なことでもときには失敗することもあるということを自ら学んだようです。幼いときのこのような経験は、彼を一回りも二回りもたくましくしただろうということは間違いありません。

見よう見まねの繰り返しで知恵をつけていく

▲見よう見まねでロープをたたむ

七緒さん（6歳）は、自分たちで木登りを楽しんだロープを片付け始めました。最初は束ね方も適当でした。それでもすごいなと思いながら見ていると、やはり自分でも納得がいかないらしく、結んだロープを広げて最初からやり直しています。隣にリーダーがいたので聞くのかなと思ったら、七緒さんはわき目もふらずに一心にロープと格闘しています。それを横目で見ていたリーダーも助けてほしいと言われない限り、手も口も出しません。これが待つというリーダーとして大切な姿勢だと思います。

▲自分も納得できたロープの束

教えることはとても簡単です。しかし教わったからと言って必ずしもうまくできるとは限りません。ロープとの格闘20分、やっと自分でも納得のいく形になったようで、束ねたあとは何事もなかったように「ハイ」とリーダーに渡して次の遊びに移っていきました。

彼女はロープの束ね方を誰かに教わったのではなく、日ごろからロープを束ねることに興味を持ち、見よう見まねで徐々にできるようになったそうです。

＊取材協力　Ｆｕｊｉこどもの家バンビーノの森

築山で両手・両足を踏ん張り、心と体を支える力を養う

子どもたちはただ土を盛ってあるだけの築山で遊ぶのが大好きです。今日は二人の子どもが直径40㎝ほどの木を輪切りにした丸太を下から運んでいました。

丸くなっている方を地面につけて転がすと割と容易に運べると思うのですが、今日の友達は、一回一回立てては倒し、倒しては立てて運んでいます。しかし、毎回うまくいくわけではなく、折角持ち上げたと思ったとたんにバランスが崩れて丸太は下へと転がっていきます。

それでもあきらめることなく再び挑戦。「うんこらしょ、どっこいしょ」と聞こえてくるようにも感じます。両足を踏ん張り両手は丸太をしっかりとおさえて運びます。時には両足でも踏ん張り切れずに膝をついて持ち上げています。ズボンは泥まみれに。何がそんなに楽しいのだろうと聞いてみたいくらいです。が、それは大人の感覚であり、子どもから見れば、「あなたもやってみたら楽しさが分かるよ」と教えてくれているように思いました。

＊取材協力　Ｆｕｊｉこどもの家バンビーノの森

〝遊び切る〟ことの楽しさは、達成感・満足感を体感する

祐一君（7歳）は、「綱引きをしよう」とヨンタのところにやってきました。「最初は、子ども二人対ヨンタで勝負したい」とのことでしたので、私はふたつ返事で「いいよ」と応えて、さっそく始めました。

1本目は問題なくヨンタの勝ちでした。すると「ぼくたちにあと一人増やしてほしい」とのことだったので快諾し、勝負しました。

それでもヨンタ（その頃の体重は何と90kg）の勝ちです。する

▲築山に丸太を運び上げる

と、さらに一人増やしたいとの提案があったので、ヨンタは「増やしてもいいけど、子どもたちは坂の上の方にいてもらい、ヨンタは下の方でいい」と提案。了承してもらい、その態勢で戦うことになりました。

それからも数回やりましたが、子どもたちが勝つことはなく、すっかりへとへとになっていました。それでもどうしても勝ちたいらしく、「もう一人増やして戦いたい」と提案してきます。最後の勝負をすることになりました。坂の下の方にいるヨンタの方が有利で勝ちは明らかでしたが、ヨンタも子どもたちも必死で戦い、ロープは子どもの方に傾いたり、ヨンタの方に傾いたりを繰り返しました。そこでヨンタは、子どもたちの方に傾いたタイミングをみて、子どもたちの方にひきずり倒されたかたちに倒されました。泥まみれになった子どもたちは、喜ぶどころかその場に倒れこんでしまいました。精も魂も使い果たした感じでしたが、どの子の顔にも、やり切ったという表情が満ち満ちていました。

▲精も魂も尽き果てた綱引き

たかが遊びとはいえ、精根尽き果てるまで遊びきることで、遊びの楽しさと達成感・満足感がからだ全体にしみ込んでいったのではないでしょうか。

スリルと楽しさは紙一重。遊びの中でそれを見極めている

目的地に着いてお昼を食べたら、段ボールすべりが始まりました。

スリルとスピード感を味わうにはちょうどよい斜面があり、子どもたちは、キャーキャー言いながら楽しんでいました。なかにはうまくすべれず途中で止まったり、すべりすぎてでんぐり返しで転がっていく子もいて、時々ヒヤリとする場面もありましたが、誰一人やめる気配はありません。子どもの様子をよく見ると、手足には擦り傷やひっかき傷がある子も。しかし、誰も痛いと言いません。

これがどこかの団体だったら大変なことになっているかもしれないのですが、さすが日野社会教育センターの森のようちえんの子どもたちだと思って見守ることに……、内心では、やめさせるタイミングはいつだろうかと思っていましたが、楽しさの方が勝っていました。

スリルと楽しさは紙一重のところにあることは事実なので、それを見極めるリーダーである自分の感覚をますます鍛えていく必要があることを実感しました。

また、このようなことはマニュアルでは思うように伝えることが難しいので、まずは大人が体験していくなかで、判断するタイミン

▲急な斜面ほど勇気がいるソリ滑り

グについてともに学び合うことが大切です。

「俺さ、学校は好きなんだけどね」

ヨンタは、いつでも頑張り棒（魔法の杖）という杖を持っていて活動に参加しています。そして、子どもたちには、「へこたれそうになったら、この頑張り棒にさわるといつでも元気がもらえるから、そのときにはいつでも貸してあげるよ。しかし、元気すぎる人がさわると、さわった人の元気が吸い取られることもあるので気をつけてね」と話しています。

ある活動の後のことです。お母さんから「前回の活動で、頑張り棒に勇気をもらったTは、やや不登校気味でしたが、活動後の1週間は魔法の杖のおかげで元気に学校に通うことができました」と連絡をいただきました。

T君は本当に魔法にかかったようなので、機会をみてT君に道々学校の様子を聞きながら歩くことにしました。T君は「俺さ、学校は好きなんだけどさ、学校の先生によく怒られるんだよ」と一言。「何で怒られるの」と聞くと「それがよく分からないんだよ。それなのに怒られるから嫌になっちゃう」。

ヨンタは、（ひょっとして、不登校気味の原因のひとつはこのへんにあるのでは）と思い、「そんなことは気にしないで笑い飛ばせばいいよ」と話しました。するとT君は「担任の先生、俺のこと見る目がないんじゃないかな」と、つぶやいたのです。ひょっとしたら、先生の方がT君に見抜かれているのではないだろうか、と想像するのでした。

後日、T君の最近の学校とのつき合い方はどうだろうかと思い、久しぶりにそのことを聞いてみる、「最近、学校は楽しい」「まーまーかな、でもさ、先生にたまには怒られることがあるんだよね。俺が悪いんだけどさ」と、いままでに聞いたことがない返事が返ってきました。続けて「授業が長引くことがチョコチョコあってさ、それが嫌で、つい友達と話してしまい、先生に見つかって時々怒られるんだよね」。「俺さ、たまにはぼーっとしていたいんだよね。……それができない学校って疲れるよね。それに比べて森の冒険学校は、自分で自由に遊べたり、ぼーっとしたいときにはそうすればいいし、なんか新しいことが見つかったりして、いつも楽しいよね」。

ヨンタは、「うんうんそうか」と応えただけ。

新緑の中をくぐりぬけてきた柔らかな風が汗ばんだ頬に心地よく、二人並んで、しばし黙って歩きました。

子どもの心にだけ響いているきれいな音

ある活動日に、武君（7歳）のお母さんより手紙が届きました。

それには「武は、授業中に席を離れて教室のなかを歩き回ったり、突然大きな声を出したり、少々乱暴になったりして学校で手に負えないので、家でしっかり話してほしい」と、先生から連絡があったとのこと。

そして、お母さんは「森の冒険学校でもご迷惑をかけているのではないでしょうか」と書いているのでした。しかし、冒険学校に来ているときの武君は、やや大きな声を出すことはあっても、周りの仲間に迷惑をかけるようなことはなく、実にのびのびと自分のやりたいことに夢中になっています。

あるとき武君は、持っていた竹の棒を唇に当てて、私にこう言いました。「ヨンタ、何か聞こえる」私は、耳を澄ませたけど何も聞こえなかったので「ごめん、ヨンタの耳には何も聞こえないんだけど、武君にはなにか聞こえているよ」と問い返しました。「うん、とってもきれいな音が聞こえているよ」とのことでした。おもわず「え、ほんとうに……」と振り返ると、武君の表情はとても穏やかで、彼にだけ聞こえているであろう、神々が奏でる音に一人ひたっていました。

現実には、子どもに聞こえて大人に聞こえない音などはないとは思っていましたが、武君の表情を見ていたら〝大人には聞こえない音も、子どもには聞こえていていることもあるのだ〟と私は、武君の表情を見ていてそう信じることにしました。

ふと空を見上げると、木の葉が冬の太陽に照らされてひらひらと舞いながら飛んでいきます。まるで、彼の笛の音に合わせて楽しそうに踊っているように見えました。

▲拾った竹で奏でる音

しばらくして、武君は「森の冒険学校はいいな」と話してくれたので、「何がいいの」と聞くと、「森の冒険学校には、天井もないし、壁もないし、心がいつも朗らかになる」と話してくれました。

子どもたちの遊びの空間には、壁や天井を感じさせない広々とした空間が必要ではないでしょうか。

遊びの設定について

「森のようちえん&冒険学校」がスタートしたころは、子どもたちを思い切り遊ばせてやろうと思い、ブーメラン、凧、ボール、独楽《こま》、紙飛行機、ひも、ロープ、クラフトグッズ等々、考えられるものをリュックに詰めて持参しました。

食事が済んでしばらくしてから、リュックのなかから持ってきた遊び道具を出して子どもたちに見せると、かなりの子どもたちが我先にと近寄ってきて、自分の好きなおもちゃを持って遊び始めました。私は持ってきてよかった、と自己満足です。

しかし、子どもたちは15分か20分もしないうちにその遊びから離れていきました。私は「せっかく持ってきたのに、なぜすぐに飽きるのだろうか」と思いながら、子どもたちの様子を見ていました。

すると、子どもたちは森のなかから見つけてきた葉っぱや木の実でブローチを作ったり、棒切れや竹の棒を使って松ぼっくりをボールに見立てた野球やゴルフ遊びを始めたり、2本張っただけのロープに乗って遊んだり、枯葉を投げ合ったりと飽きることなく遊んでいました。

また、ビニール袋にひもをつけただけの凧を引っ張りまわしながら、汗びっしょりになって遊んでいる子もいました。私が持参した凧の方が間違いなくよく飛ぶのですが、そこには何の工夫も必要なく、面白さもあまりないことに気がつきました。

一方、子どもたちが自分で作った凧は上手に飛びません。そこでどのようにすれば上がるのだろうか、とさまざま工夫をしており、そこに面白さを見つけ出していたのです。

私から見れば「君が作った凧はどのように工夫をしても上がらないと思うよ」と言いたいところですが、それこそ親切という名の余計なお世話だったのです。

それ以来、森遊びの活動には、ロープ、ナイフ、小さなスコップ、ノコだけを持参するようになりました。何かを与えればよいのではなく、子ども自らが見つけだした遊びにこそ工夫や想像力が働き、何よりも集中して遊ぶことができます。

私たち大人は、子どもたちがやってみたいことを準備してあげるだけで十分ではないでしょうか。そして、あれもやらせたいこれもやらせたいという思いは大切ですが、ときとして森遊びの本質をそこなわないよう十分に注意したいところです。

第3章

〝安全に安全に〟は最善の策ではない

スキルや認知の発達には挑戦的な遊びが有効

怖いを乗り越えて生まれる自己肯定感

亮太君（7歳）は、手作りの飛び板を仲間が跳んでいる様子をしばらく見ていましたが、やがて自分も跳んでみたくなりました。けれども、何回挑戦してもうまく跳ぶことができず悔しがりながらも、それでも仲間の様子をしっかりと観察していました。

ついに、意を決し、友達の真似をして跳んでみるようになりました。しかし、思うように跳ぶことができず、再び仲間の様子をあきらめず見ていました。やがて、跳び出すときに両足で思い切り踏ん張っていることに気がついたようで、次からは鳥のように両手を広げ、空中に舞うことさえできるようになるのでした。

このような遊びには、怖いというリスクがつきものです。が、それを乗り越えるためには、何回も何回も練習し、体得していくしか方法はないのです。

怖さを乗り越え、見事に跳ぶことができたときには、初めて〝自分もできた〟という自信が生まれ、やが

▲勇気が必要な跳び板遊び

て自己肯定感が高まってきます。

亮太君、しまいには1回1回の跳び方もバランスがとれて、着地も見事に決まっていました。

「挑戦する勇気」と「やめる勇気」

春和君（7歳）は、人一倍の負けず嫌いで、友達がやっていることには、自分も挑戦してみたくなるようです。亮太君の跳び方を見ていた春和君は「自分にもできる」と、判断して順番待ちをしていましたが、なかなか踏み台に乗りそうにありません。

私たちは、このようなとき、「急かさない」「あおらない」ことにしているので、じっと見守ることにしました。踏み台に乗ってみることにした春和君ですが、跳び降りる瞬間、自分の身長より高いことに気がつき、引き返しました。

それでも、どうしても跳びたい気持ちが強く、何回も挑戦しようとします。そして、踏み台の真ん中付近まで行ったとき、いよいよ跳びだすのかなと見守っていましたが、春和君は大きく息を吸って「やっぱりやめる」と判断して、低い方に跳び降りました。私たちは「せっかく。そこまで行ったのに！」と思いましたが、春和君の様子から、やめるという判断には挑戦する勇気と同じほどの勇気が必要であるということを教えてくれていました。

小さな挑戦、そこから得られるベネフィットとアフォーダンス

私がまだ小さいとき、家は5～6頭の牛を飼育していました。私も牛の世話を毎日手伝っていました。ある日のこと、牛の餌になる草を押切機で切っていました。ところが、勢い余って自分の左手の人差し指を草と一緒にザックリと切ってしまいました。

すぐに切り傷を押さえながら母のところへ走っていくと、驚いた母はその部分をタオルで巻きつけ、病院へと急いでくれました。母は「先生、この子を何とか助けてください」と、涙ぐみながら、何度も何度も頭を下げていました。

▲やめる勇気も必要な跳び板

結果は8針を縫う怪我となり、毎日治療に通いました。10日ほどたって抜糸のとき、母も一緒に病院にいくと、先生は「お母さん、傷の跡が少し残りましたが、手の動きは元どおりに治りましたよ」と話してくれました。それを聞いた母は「ありがとうございました。ありがとうございました……」と、何度も頭を下げていました。

すると先生はにこにこしながら、「お母さん、治る怪我ならしてもよい。特に子ども時代の経験は必ず薬になりますよ」。

▲ドキドキしながら柵の上を歩く

60年近くも前の話ですが、左手人差し指の傷跡を見るたびに、その日の出来事を昨日のことのように鮮明に思い出します。子ども時代の怪我は、すべての人が、大なり小なりに体験していることと思います。また、「ヒヤリハット」（突発的な出来事やミスにヒヤリとしたり、ハッとしたりすること）体験なら、怪我以上にたくさんあるものです。

こうした体験の積み重ねによって、人は危機察知能力、危機回避能力、危機管理能力はいうに及ばず、想像力、判断力、決断力、行動力などを身につけていくことにつながり、人生を楽しむために注意しなければならない突差の判断力が育まれていきます。自然のなかでの遊びは、必ずと言っていいほど「ヒヤリハット」体験の連続なのです。むしろ、そこから得られるベネフィット（恩恵）こそを、指導者も保護者も、ともに体得し合うことが大切です。

自然のなかで遊ぶ子どもたちには、高い木に登ったり、ロープ渡りをしたり、ターザンごっこをしたり、高いところから跳び降りたり、藪《やぶ》のなかを歩いたり、柵の上を歩いたり、角度のきつい坂を上ったり、細い枝の先にある木の実を採ろうとするなど、本人も見ている方もドキドキしながらも挑戦させてみたいものです。この行為は、自分のいま持っている限界に挑戦して、自分の能力を高めていこうとする行為であり、

「アフォーダンス」といいます。

自然のなかで遊ぶことで、非日常的な遊びと、アフォーダンスを体験するチャンスを同時に体得していきます。それを見ている大人は、「危ないからやめなさい」とつい言いがちです。が、そこは「ゆっくりゆっくり、慎重に」と励ましながら、積極的に挑戦させてほしいものです。
▽アフォーダンスとは、環境に実在する動物（人間・有機体）がその生活する環境を探索することによって獲得することができる意味（価値）であると定義されています（Wikipedia より）。

21世紀に求められているスキル

いまの子どもたちが大学を卒業するころには、その50％の子どもたちは、いまはない仕事についている可能性が高く、現在の仕事は、２０３０年ころにはＡＩ（人工知能）の発達により50％近くが自動化されて消えている可能性があるといわれています。

では、ＡＩは人間を超えるかというと、ＡＩは数学でできていて、現代数学のアルゴリズム上、人間を超えることは不可能です。ただし、人間に取って代わることのできる領域はたくさんあるようです（アルゴリズムとは「計算可能」なことを計算すること）。

そこで、21世紀に求められているスキルとは、豊かな「感性」であり、どのような状況下にあっても「生きていく力」を身につけ、一人ひとりの人間が自立し、平和を希求するとともに、持続可能な地球環境の維持に努めていくことが求められています。そして、その力をつける一つとして幼児・青少年期から自然体験活動に積極的に取り組む必要があると思います。

だからこそ、大人はすべての子どもたちにたくさんの「遊び」（学び）の機会を保障すべきです。遊びで獲得した「チャレンジ精神」「直観力」「賢さ」「生きる力」はＡＩが近づけない領域であり、これらは野外遊びのなかで育まれることが大きいのです。

幼児・青少年期から大切にしていることは

①　自分で判断して結論を出し、行動する力を持つこと（自分の心を見きわめる力・自己決定力）。
②　自分で出した結論に責任を持つこと（我慢する力、人のせいにしない力）。
③　ほかの人の考え方を理解する力を持つこと（思いやる力、共感する力）。
④　間違いに気がついたら引き返す勇気、やり直す勇気を持つこと（立ち直る力）。
⑤　責任の持てないことには絶対に手を出さない勇気を持つこと（反社会的なことを振り切る力）。

認知的能力と非認知的能力について

近年、子どもたちの生涯を通した学びと生活の質を高めるものとして「非認知的能力」が世界で、そして日本の幼児教育・保育現場などで注目されています。

★認知的能力とは＝ＩＱなどで測れる力で、学校などで教わって身につく力といわれています。

★非認知的能力とは＝ＩＱで測れない力で、認知的能力を培う土台でもあり、子どもの心の豊かさを育む毎日の生活の中で身につく力といわれ、その能力は、乳幼児期から7歳ころまでのあいだ、とりわけ自然のなかで思い切り遊ぶことで育まれるといわれています。自分で考え、想像し、行動し、困難に合っても立ち向かい前に進もうとする力、先々を予測する力を心と体に刻むことができるといいます。

親切という名のおせっかいにならないように

太郎君（6歳）は、自分の両手を回しても回しりきれない大きな木に何とか登りたいと思い、その木の周りを歩いていましたが、このままでは無理と判断して、私のところにロープを借りに来ました。

太郎君は、そのロープを木に巻いたり、高いところに投げたりしては、その木に登ることに挑戦していました。そのうち足のかかりそうなところを見つけてよじ登ろうと挑戦するのですが、思うようにいきません。見ている方はそのたびにヒヤリ。大人だったら数回挑戦して、無理と判断したらすぐにやめるのですが、本人があきらめない限り見守ることにしました。

しかし、どうしても登ることができず、木を見上げながらあきらめかけたところに、リーダーが現れました。太郎君にとっては〝渡りに船〟であったかもしれません。リーダーは、再び挑戦を始めた太郎君のお尻を押し上げ、ついに自分がめざしていたところにたどり着かせることができました。

太郎君は大満足の笑顔をみせていましたが、リーダーは、太郎君の満足そうな顔を見ると別のところに行ってしまいました。多分しばらくは降りてこないだろうと判断したのだと思います。

しばらくして、太郎君はそこから降りる準備をし始め、足の置き場なども確認していましたが、見えないところに足を置くことはむずかしく、降りることができなくなって、とうとう泣き出してしまいました。そ

▲リーダーに助けてもらった木登り

れを見かねた私は、木のそばに歩み寄って「降りるのを手伝おうか」と優しく声をかけ、うなずく太郎君の手伝いをしました。

この場はことなきを得たのですが、活動終了後、リーダーを呼んでそのいきさつについて確認したところ、「とても登りたがっていたので手伝いました」とのことでした。

そこで、このことは私たちに何を教えてくれているのだろうかと話し合い、次のようにまとめました。

①　自分の力で登れない子どもは、自分ひとりで降りることができないことが多い。
②　挑戦する勇気と、無理と判断する勇気を奪ったかもしれない。
③　登らせたときには最後までその場を離れてはいけない。
④　貴重な「ヒヤリ・ハット」を体験するチャンスを失った可能性もあるかもしれない。

そして、

⑤　私たちがその判断を間違うと、親切という名のおせっかいになる。
⑥　子どもが賢くなる可能性を奪うことになりかねない。

などの確認をし合うことができ、リーダーも納得してくれました。

大切なことは、登れる子もいて登れない子もいて平等である、という考え方を基本にすることです。

危ない遊びとリーダーの対応

日野社会教育センターの森のようちえんには、時々見学希望の方が来てくれます。この日は、普通の幼稚園の保育・幼児教育者の方が来ていました。集合場所に到着するとすぐに子どもたちと遊んでいましたが、しばらくするとその方が私のところ近づいてきて「あそこの男の子が木の枝を持っていますが、捨てさせなくてもよいですか」と質問してきました。そこで、「どうして捨てさせなければいけないの」と聞くと、「危ないと思います」。

「たしかにあの棒を振り回すと危ない遊びになるけど、ただ持っているだけでは危なくないと思うよ」と話すと、「私の幼稚園では、木の枝や棒などを拾ってきたら危ないのですぐに捨てさせることにしています。それが園の方針です」とのことでした。

そこで、「ここの森のようちえんでは、木の枝などを持っているだけでは捨てさせることはありません。ただし、子どもが木の枝を持っていると、振り回したくなることもあるので、そのとき危ないと思ったら止めてくださいね」と話しましたが、いまひとつ腑に落ちていないようでした。

誰しも幼いころに体験したことのある遊びのひとつに、棒切れを振り回す、チャンバラごっこをしたことがあると思います。ひょっとしたら怪我をした体験のある人も少なくないと思います。確かに危ない遊びではあるのですが、〝危ない遊びこそ楽しい〟のです。

危なくて楽しい遊びだからこそ、興奮してドキドキしたり、恐怖を感じたりするものですが、これ以上やったら本当に危ないことに気がつくことは、子ども時代には必要不可欠な体験です。

1970年くらいまでは、このような遊びは地域のあちらこちらで見ることができました。現代社会では「安全第一」と敏感になりすぎ、その姿はほとんどなくなっている様です。そこで、森のようちえんでは、棒切れを振り回すときには、周りに人のいないことを確かめて振り回す。チャンバラなどはしなやかな竹などで行うことも認めています。それでも危ないときもあり、大人は〝止めどきはいつか〟を判断する感覚を身に着けなければなりません。棒切れを持っているだけで、何かが起きそうなので止めさせるということは、大人が管理しやすいということにつながる可能性もあります。

喧嘩

子どもの遊びに喧嘩はつきものであり、現代にも必要な遊びととらえ、少し乱暴な行為でも自分たちで解決できそうな場合は、あえて介入しないことにしています。ときにはつかみ合いになったりすることもありますが、このしぐさは、お互いの力を試しているようにみえます。私たちにはその内容を見極める判断力が求められています。

しかし、どちらかが怪我をする様な雰囲気のときにはとにかくやめさせて、それぞれの言い分をしっかり聞くことにしています。そして何が問題だったのか、それぞれの子どもが理解できるまでつき合います。

私たちに求められていることは、常に「対等平等」であるかということです。子どもの言い分をしっかりと受け止めることで、信頼関係も増していきます。

ただし、暴力行為が激しかったり、攻撃性が鋭いと判断したときには、「これ以上はダメ！」とすぐに仲裁に入ることが必要です。

見守ると待つ——心のゆとり

★見守る＝子どものやってみたいという意欲や好奇心を何よりも尊重し、その思いが叶うように願いつつ、子どもが安心して挑戦できるようにそのなりゆきを見守ってあげる。
★待つ＝子どものやってみたいという目的が達成できるように望みながら、次に起こる可能性を予測し、それまでの時間をともに過ごし、いつでも手が出せて支えることができるように、心の準備をして待ちます。
一言で表現すれば、見守るということは子どものやりたい思いを信じて待つことで、活動の理念をより深く理解した大人の心にゆとりがあることが、見守る余裕につながり、待つ余裕につながります。

▲やっと届いた藤の実取り

もう少しで届くのになぁ—

勇太君（4歳）は、小川の真んなかにある石の上に移りたいと思い、足を延ばしてみましたが、届きません。「もう少しで届くのになぁ……」とばかり、彼は体の重心を少しずつ移しながら何度も挑戦しましたが、うまくいきません。

思い切りのよい勇太君は、何としても渡りたい、と思い切って体を動かした瞬間に、バランスを崩して小川のなかへ落ちてしまい全身ずぶぬれとなりました。

なんと、着替えがすんだ勇太君は、再び挑戦し始めました。私たちは、着替える服はもうないしやめさせようかとも思いましたが、勇太君は落ちた瞬間に何かをつかみとったようで、今度は先ほどとは違い、ただ足を延ばすだけではなく、重心を移動する瞬間に思い切って体を持ち上げて石に跳び移る動作をし、見事に小川のなかの石に移ることができました。

何事も繰り返しの体験から学ぶことは大きいのではないでしょうか。そして〝百聞は一見にしかず〟といいますが、わたしは、勇太君の挑戦を見ていて〝百見は一行（行は行動）にしかず〟が大切なんだよ、と教えてくれているように思いました。

▲川を渡るスリルに挑戦

アンバランスの楽しさと怖さを味わう

公園に設置されていたシーソー遊び。バランスのとりやすいシーソーでも、上手に乗れずに落ちたりひっくり返ったりした経験のある人も少なくないと思います。

私たちの森のようちえんでは、丸太を十字に組んだだけのシーソーで遊ぶことがあります。バランスの取れたシーソーとは違って実にアンバランスで、ちょっとした油断で落ちたりひっくり返ったりします。

そこがこのシーソーの楽しいところで、バランスよく乗れたときの喜びは大きな自信につながります。一方、わずか20㎝ほどの高さでも、バランスを崩して落ちる怖さを体験した子どももいます。

大地からわずかでも離れたときの不安な気持ち、アンバランスの怖さ、うまく乗れたときの喜びを子ども時代にこそたくさん体験してほしい感覚のひとつです。

▲バランスの悪いシーソーに挑戦

川遊びの楽しみとリスクマネージメント

川遊び中の事故の発生件数は昔も今もあまり変わっていません。しかし近年、確かな川の知識を知らない人々が「川は危険なところ」と言うようになりました。

そして、子どもたちの川遊びも遠ざかっています。その結果、これまで人間の暮らしや文化は「川によって支えられてきた」という意識が徐々に薄れ、川も含む自然と共生する社会を形成し、持続することが困難になってきています。

人は自然、とりわけ川の恵みなしでは生きていけません。特に日本は山と川と海に囲まれている国であり、自然の恩恵を受けて生活し文化を育んできましたが、川のそばで生活している子どもたちがあまり川で遊ばなくなっているということは、いったいどうしたことからなのでしょう。

そこで、春夏秋冬それぞれにさまざまな危険が潜んでいる川といつまでも共生できる社会をつくっていくために、川の危険を事前に察知して回避することができれば、川での活動を十分に楽しむことができます。以下の資料は、春から秋までの川遊びを楽しむためにはどのようなリスクがあるか、また生じたリスクをどのように包み込んでいけばよいかを簡単に考察したものです。

【川を知る】

川沿いにある道を2～3m下りて川に近づいただけで、冷気を感じます。特に森や林のなかにある川では、せせらぎ程度の川でもその冷気はいっそう強く感じることができます。

そこで川遊びをするときは必ず下見を行い、当日の天候などについても事前に調べておくことが必要です。また、川の下見は必ず川のなかに入って確認するようにします。

【川の特徴に伴う危険を上手に避けるカンと知識を持つ】

① 水の流れを知ることから始める。水の屈折率は空気より大きく、見た眼より深い場合がある。

② 水は思いのほか重く、その勢いは実際に川のなかに入ってみないとわからないことの方が多い。

③ 水より軽いはずの水泡が水のなかにできているところでは人間も浮かないこともある。堰（せき。水を取り入れるために、川の流れを遮って作った構造物）の付近では事故がおきやすい。

④ 川の流れは複雑であり、プールとは違うという認識をもつことは必須。一見穏やかに見えていても結構流れの速いところもある。

⑤ 大小の岩の位置により、水の勢い、深さ、川底の様子は大きく変わることがあり、川底が見えているようでも水の深さなど分からないこともあるので、実際に入ってみて、滑るところ、水の流れの違うところ、傾斜しているところ、歩きづらい場所などの確認が必要。

⑥ 川に入るときには、普段はいているシューズか水遊びのときに使うシューズを履くようにする。サンダルなどは禁止。

⑦ 川への跳び込みは心をそそる遊び。そこで川底を十分に確認し、水の深さ、流れなども確認する。思いがけず深かったり、足をとられたりするほど流れの早い場所もあるので確認したい。

⑧ 滝つぼは、水温が低かったり、見た目以上に深いこともあり、ちょっとの油断が事故につながる可能

性が大きい（水温が5度以下のときは危険。水遊びを控える）。

⑨　川遊びの最中に、水が急に濁ったり、いままでなかった流木や落ち葉などが流れてきたり、急に冷たくなったりしたときには、迷わずに参加者を水からあげる。上流で雨などにより大水が出ている可能性があり、下流は鉄砲水のようになることもある。また、川の増水は上流にあるダムの放流などによることもあるので、現地の情報を事前に把握する。さらに、堰や水門、用水路などの位置も確認しておく。

⑩　子どもたちの様子を見ながら一緒に遊ぶリーダーが必要。

⑪　雷鳴が聞こえたり、山側に雨雲や入道雲が現れたりしたときには、要注意。

⑫　看板による警告には、十分注意。安全そうに見える川でも過去の事故情報を知らせていることもある。

⑬　水から上げて、休憩をとるタイミングを間違わない。「長時間の川遊びは事故のもと」を徹底する。

⑭　風が強い時の川遊びは、思いのほか体が冷えるので、控えた方が良い。

⑮　寝不足状態で川に入らない。

▽最近のスマホは、ピンポイントの天気予報を入手でき、大いに役立ちます。野外活動に出かけるときには、リーダーの一人くらいは有料のアプリを活用できるようにしておくことが大切。

【装備は確かなものを】

ライフジャケットは体にぴったり合ったものを着用する。適当に着けていると流されたときに抜けてしまうことがある。（ライフジャケットについての考察はあとで述べたい）。

救命用フローティングロープ。　虫よけスプレー。　ブルーシート、ガムテープ、ロープ、ナイフ。

▽必要に応じてチェック表を作る。

【体のダメージを防ぐ】

熱中症

川遊びが楽しめる場所は、意外と日影がなく直射日光にさらされていることが多く、夢中になって遊んでいると熱中症になる危険もあるので、休憩中は帽子やタオルを必ずかぶり、水分補給は十分に行うようにする。（前日までの体調の把握）。

低体温症

長時間、水につかっていることで、体温が奪われて唇が紫色になるなどの症状がおこることがある。時間を決めて休憩することを励行したい。

温かい飲み物を準備する（火を焚ける場所があるときは焚火で暖を取ることも考える）。水温が10度以下のときは十分に注意する（入らない方が得策の場合もある）。

【監視の位置と万が一のときのために】

① わりと安易に遊べる川でも事故は起きている。その原因は、〝子どもを見失う〟ことが一番。監視は見通しのよい岩の上や、全体が見渡せる場所にする。

▲水の勢いにまけないように歩く

② おぼれたときには、とにかくあわてない。

③ 足の立つ位置で発見したときにはすぐに救い上げる。流されるスピードは速いときもあるので二次災害を防ぐ。

④ 足の立たない場所では安易に助けに行くのではなく、水に浮くものやライフガードチューブなど、本人が浮いていられるものを投げ入れる。

⑤ 万が一の可能性がある場所では、子どもたちに、浮くものをあごの下などに入れることを教えておくこと（普段から練習をしておくとよい）。

⑥ 川は海より浮きにくい。

【備えあれば憂いなし（服装）】

① 水を吸収せず動きやすい化学繊維の服や水着の着用。

② ひものないシューズかウォーターシューズ、かかとがホールドできるものが最良。ビーチサンダルは履かない。

③ ライフジャケットの着用は本部の指示があってからにする（正しい使い方をしなかったために、助からなかった例もある）。

④ 救急用品の準備。万が一のときの連絡先の確認。

⑤　ファーストエイドに関する訓練は常に行う。

▽活動ごとに安全計画書を必ず作成する。内容は活動する場所に則したもので、スタッフ全員が理解でき、共有できるように具体的に記入する。

川遊び時のライフジャケットの着用について

なぜ、ライフジャケットをつけるようになったのか

①　子どもを送り出す保護者の側に、いつの間にか「ライフジャケットをつけている団体は安心」という神話が生まれてしまったのでは（昔は誰もつけていなかった）。

②　その世論をうのみにしてしまい、ほとんどの団体が異議を唱えなくなった（アウトドア団体によっては、何か変だと思いつつもこの問題を真正面から議論してこなかったこともある）。

③　指導者自身もライフジャケットを装着することで安心・安全が確保されているという錯覚に陥ってしまった（最近では魚つかみのときにもつける団体もあるらしい）。

▽若いリーダーは、自分が子どものころにはすでにライフジャケットをつけて活動しており、それが当たり前と思い込んでいる人も多い。

これからのライフジャケット対応はどうあるべきか――

①　一番大切なことは、指導者が確かな知識を習得すること。いざというときの対処の方法、危険回避能力等を学んでおきたい。（遊び場所の確認、天候チェック、地元の情報収集）。

②　指導者が、安全への感覚をとぎすます訓練をすることこそが重要。

③　その団体の信念にもかかわることなので、大いに議論し確認してから実施する。

④　各団体がいつからライフジャケットを着用するようになったか、またその経緯についても確認しておく。

⑤　どの点を下見するのか明確にしておく（活動に参加・引率する指導者は下見に参加する）。

⑥　研修・研鑽を怠らない（なにかあったときの対処の仕方も大切ですが、先ずは事故を発生させないための研修に重点を置きたい。近年は前者の方に重きを置きすぎて活動のダイナミックさが失われているのではと思うときがある）。

⑦　川遊びでライフジャケットを着用することは義務づけられていない。子どもが事故に遭うのは、〝子どもを見失ってしまった時〟がもっとも大きな原因となる。

⑧　体にきちんとフィットしていない物を着用すると緊急時に外れ、次の事故が発生することもあるので十分に留意する必要がある（体から抜けたライフジャケットが首に引っ掛かる事故が起きたという報告もある）。

⑨　安心を確保するための道具もたくさん開発されているが、それに頼りすぎないことが大切。道具があっても、正しい使い方を知らないリーダーもいる。

⑩　何よりも頭でっかちにならないこと。理論も大切だが、先ずは実践からそれを裏付ける具体的な実践ができているかいないかが指導者の資質であり、そのことが問われている。

⑪　主催する団体がこれまでどのような考え方で対応して来たか、歴史を振り返り、それに学ぶことも忘れないようにする。

▲冷たいけど楽しい川遊び

▽ある団体の海遊びをスライドで見せてもらったとき、ライフジャケットをつけている子とそうでない子がいたので、その理由を尋ねたところ、「リーダー間でこの子は泳力もあり大丈夫だ」と判断された子は、装着しなくてもよいとのことでした。

▽こうした判断ができるリーダーが存在することが大切なことで、活動場所も熟知せず、時と場合に応じた判断もしないで、とにかくライフジャケットをつけると安心・安全、と判断している団体が少なくないのではないかと思われる。「安心の隣には油断がある」ことも十分に認識し、誰のために、何のために川遊びや海遊びを推進するのか、もう一度その効果も考えてみたいものです。

ハインリッヒの法則の学びと、子どもに身につけてほしい直観力

「1件の重大な事故・災害の背後には、29件の軽微な事故・災害があり、その背景には３００件のヒヤリとするようなニアミスがある」という労働災害に対する経験則があります。これはアメリカの損害保険会社の技術・調査部に勤務していたハーバート・ウィリアム・ハインリッヒ氏が、１９２９年に出版した論文のなかで発表したもので、「ハインリッヒの法則」と呼ばれています。

この原則は90年たったいまでもさまざまな活動に通用する法則として、リスクマネージメントの基本として活用されています（次の図はハインリッヒの法則を著者が図案化したものです）。

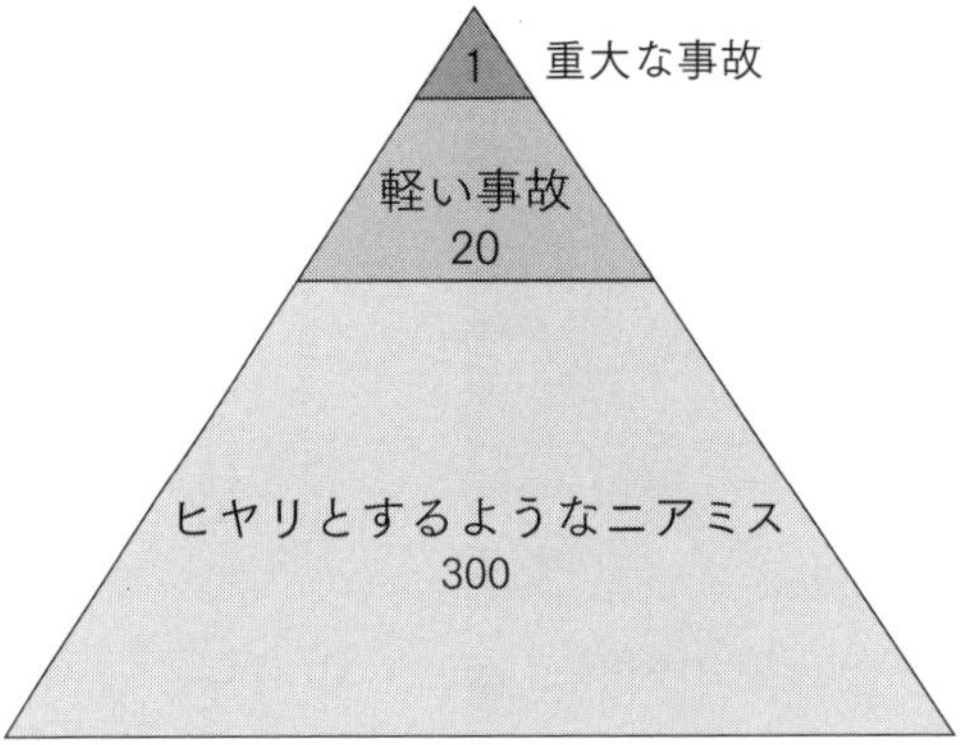

こどもたちに体験してほしい
小さなヒヤリ・ハット71

以下は、「ハインリッヒの法則」に学んだ、私の考察です。

子ども自身が３００のニアミスを事前に察知したり、回避したりする能力（直観力）を身に着けるために、上図のようなものをイメージし、〝子ども時代にこそ子どもたちに体験してほしい小さなヒヤリ・ハット71〟と名付けました。

（提唱当初は、「小さなヒヤリハット71」としましたが、現在では80以上になっています。しかし、最初の71という響きがよかったのでそのまま使用しています）。

子ども時代にこそ体験してほしい小さなヒヤリハット71

【木登り】

―プログラム
・自分の背よりも低い木から、自分の背を超えてはるかに高いところまで登る
・ターザンロープで遊ぶ　・ブランコで遊ぶ　・木にぶら下がる　・木から跳び降りる
・木の枝の細いところまで行く　・木やカズラなどになっている実を取る
―ねらい
・困難に挑戦する　・手と足の指をしっかり使う　・全身の神経を使う
・バランスのとり方を考える　・重心の移動　・高さと怖さを感じる
―リスク
・滑る　・落ちる　・怪我

【四季の野遊び、原っぱ遊び】

―プログラム
・藪（やぶ）こぎなど、道なき藪をかき分けて進む　・坂ですべる　・石を投げる
・木や竹を振り回す　・棒で木をたたく　・高いところから跳び降りる　・

・チャンバラごっこをする　・手作りブーメランを飛ばす　・風の強いところを歩く、走る
・ロープを木に掛けてブランコを作る　・綱わたりをする　・ロープのスイング遊び
・原っぱでの鬼ごっこ　・木立のなかでの鬼ごっこ　・倒木で作ったシーソーで遊ぶ
・スリルを楽しむ　・バランス感覚を磨く　・バランスをとる　・アンバランスを知る
・身体の重心を知る　・立ち木にぶつかる
―ねらい
・道なき道を進む（新しい発見・探検）　・かすり傷になれる　・怖さを知る
―リスク
・転ぶ　・落ちる　・引っかかる　・かすり傷　・ぶつかる　・ひっくり返る

【雪遊び】
―プログラム
・大きな雪だるまを造る　・雪の上に寝っ転がる　・降りしきる雪のなかで遊ぶ
・吹雪のなかを歩く　・雪が降った林のなかを歩く　・雪道を登る、下る
・かまくらやイグルー（氷雪をドーム状に積み重ねたイヌイットの家）を造る
・雪のなかに埋もれてみる　・30メートル以上の坂をチューブのソリで滑る
・素手や素足で雪にまみれてみる　・圧雪していない雪の上を歩く

―ねらい

・冷たさと厳しい寒さ　・スリル　・怖さ

―リスク

・凍傷　・転ぶ　・滑る　・ひっくり返る

【川や海で遊ぶ】

―プログラム

・海や川に潜る（魚や貝を発見、石を拾う）　・浜辺で遊ぶ　・磯辺や川岸で遊ぶ

・魚釣り　・魚をさばく　・焼く　・川を堰き止めて遊ぶ

・流れるのではなく流される　・川や海で自分の背より深いところに入る　・川を横切る

・自分の背丈より深い海にはまる　・長靴を履いたままで水のなかで遊ぶ

―ねらい

・スリル　・不思議な世界の発見　・少し溺れる怖さ　・水を飲む怖さ　・捕獲の楽しさ

―リスク

・海の水を飲む　・溺れる　・滑る　・転ぶ　・流される

【クラフト遊び】

―プログラム

・ナイフを使ってものを切ったり、削ったりする　・ナタで木を割る
・ノコを使って木や竹、板を切る　・板や竹にキリで穴をあける　・パチンコをつくって遊ぶ
・ハンマーでものをたたく、釘を打つ　・弓矢をつくって遊ぶ　・槍を削って遊ぶ、投げて遊ぶ
―ねらい
・道具の危険を知り便利に使う　・創作する　・スリル　・ナイフを使って木を削る
・ノコをひく　・工夫と方法
―リスク
・切り傷　・打ち身　・刺す　・ぶつかる　・ぶつける

【たき火遊び】
―プログラム
・マッチを使って火をつける　・たき火をする　・焼き芋を楽しむ　・焼き板を作る
・虫眼鏡で火をつける　・紙コップで水を沸かす　・ポリ袋熱気球を楽しむ
・土で焼き物を作る　・鉄を焼く　・火の始末を見とどける
―ねらい
・自然界でもっともおそろしい力をあやつる　・火の怖さと楽しさを知る　・火の威力を知る
・火を上手に使う　・高温と適温を知る
―リスク

・火傷《やけど》

【野外炊飯】

―プログラム

・飯盒《はんごう》でご飯を炊く　・カレーライスを作る　・やかんや鍋でお湯を沸かす

・焼きパンを作る　・カートンドッグをつくる　・手のひらに乗せた豆腐を包丁で切る

・包丁を使う　・70度くらいのお湯に手をつける

―ねらい

・包丁を上手に使いこなす　・刃物や火を便利に使う　・切れる感覚を知り、切れる理屈も知る

・自分で作る　・危険な温度を知る

―リスク

・切り傷　・火傷

【動物・植物系】

―プログラム

・昆虫をつかむ　・ヘビに触る　・ミツバチを追いかける　・スズメバチから逃げる

・草を噛《か》む（食用）　・ウルシの木を知る　・毛虫の怖さを知る（チャドクガ）

―ねらい

・毒を持つ生物との接近　・遭遇　・怖いものに触れる　・苦味を知る
―リスク
・噛《か》まれる　・刺される　・かぶれる　・切れる

【科学系の遊び】
―プログラム
・手作りローソクを作る　・ドライアイスで遊ぶ（マイナス78・5度の体験）　・ガラス瓶を割ってみる
・ポリエチレン袋の熱気球で遊ぶ　・太陽エネルギーを知る（虫眼鏡で火をつける、温かさ、熱さ）
―ねらい
・科学的なことに興味を持つ
―リスク
・切り傷　・火傷

【その他】
―プログラム
・大きなタイヤを転がす　・ブルーシートだけで一晩寝る　・風のなかで大きな凧を揚げる
・自分で遊びを考える
―ねらい

・重さの感覚、怖さ、不思議さ　・野宿、暗闇の恐怖を知る、怖さに打ち勝つ　・風の力を知る、想像力

―リスク

・転ぶ　・寝られない　・飛ばされる

▽活動場所により、プログラムの内容も変わってくるので、自分たちに合ったものを作成していく。

第4章 リーダーのホスピタリティー

自然体験活動で求められるリーダーのホスピタリティー（歓待）とは

人間が心身ともに健康に育っていくためには、幼児・青少年期に四季折々の自然にふれ、その美しさや、厳しさ、優しさ、雄大さ、繊細さを感じながら、自然のなかで思う存分に体を動かして遊ぶことが大切です。そして、その活動を支えてくれる感性の豊かなリーダーの存在は、ここではどうしても欠くことのできない条件です。ここでは、自然体験活動で求められるリーダーのホスピタリティーについて考察してみたいと思います。

サービスとホスピタリティーの違い

①「サービス」は、英語表記でServiceと書き、「奉仕する・仕える」という意味にとらえることができ、すべてのお客様に対し、均一な対応を提供することです。サービスを受ける側のお客様が主であり、お客様に接客しサービスを提供する側が従という関係になります。

②「ホスピタリティー」はHospitalityと表記し、「このとき、この場、この人だけに」と個別におもてなしをすることです。ラテン語のHospicsが変化したもので、Hospitalityは「歓待」を意味し、サービスから一歩進んだ対応という考え方になります。

▽ホスピタリティーを日本風に解すると、いわゆる「おもてなし」に当たります。目配り、気配り、心配りなど「目に見えない心」、「目に見えない配慮」をしながら、「相手に余計な気遣いを感じさせない」一連のしぐさです。確かなおもてなしの知識を持つことは、リーダーの重要な資質と言えます。

▽目配り、気配り、心配りの心を持ち合わせている人は、三つのスキルが備わっているといわれます。

・ハードスキル＝講習会などに参加して、資格や検定などによって習得して身に着けるもの。

・ソフトスキル＝コミュニケーション力、協調性、自発性、責任感、リーダーシップなど目に見えにくいもの（ハードスキルとソフトスキルの二つは人から学ぶことができるもの）。

・メタスキル＝ハードスキルとソフトスキルを使いこなすスキルと言われていて、小さいときからの体験をもとに積み上げられてきたものが大きく影響している、とも言われています。

自然体験活動で育んでみたいホスピタリティーとそのねらい

①ホスピタリティーはとても感覚的なもので、わかりにくいものです。そこで、具体的な自然体験活動を通して「相手の心や気持ちを理解する」という「思いやりの心」を感覚的に養うことにつなげていき

ます。

② しかしその効果は目に見えにくく、ホスピタリティーという心の在りようが自分のなかに確信できるまでには時間がかかります。それらは、サービス（主従関係）のような奉仕の精神とは異なり、お互いが人として対等な関係の上にある思いやりの精神だからです。実は、見返りを求めない「自然遊び」のなかにこそホスピタリティーの心があると感じます。

③ 感謝の気持ちとともに快適な時間を過ごしてもらえるようにと思う親切な心遣い（ホスピタリティーの心）が〝おもてなし〟の本質です。

④ 私たちはこれから先、いまの自然体験活動やそこの環境を活かしてどのような人間を育てていくか、日々どのような活動をするか、その魅力を作り出し、共有していくことが求められています。それはどのようにすれば可能になるのかをみんなの知恵と力で見つけ出し、実践していくことが大切です。

⑤ 近隣の自然環境をフルに活かして、〝ほかにはない魅力ある活動〟とはどのようなものか、気づいたことから具体的にどんどん提案していくことです（自分より上の立場の人を説得できない提案はそのホスピタリティーへの核心が弱いと言えるでしょう）。

⑥ ものごとを先に進める大事な原点の一つは〝自分たちが求めていることについて、本音で語り合うことができるかどうか〟にかかっています。

夢を持っている子どもの心を信じる

① 子どもたちが高い満足度を得るための工夫をし、意欲を持ち続ける。

②　自然体験活動にかかわることができることは、自然のなかで夢中になって遊んでいる子どもたちと出会うことができる幸せな仕事で、やりがいのある仕事。
③　いまの仕事は自分に向いているか、常に自分に問う（ハードスキル、ソフトスキル、メタスキルを高め合う努力をする）。
④　子どもたちの好奇心によりそい、自分も具体的に行動してみる。うまくいかなかったら何回でもやり直してみる。足りないものがあれば学び合い、支え合う。
⑤　子どものことをちゃんと見続け、この仕事の将来について少しでも具体的なことを語り合うことこそが指導者のホスピタリティーの心となる。
⑥　何よりも間違いに気がついたら、素直に認める心（これこそ人間的なホスピタリティー）を持ち、どこからでもやり直してみる勇気を持つ。

安全管理と安心感

①　安全のために、と口うるさいだけでは安全管理とはいえない。
②　子どもは、たくさん注意をされると、その指導者をつい避けるようになり、いづれはマンネリ化して注意された効き目が薄くなっていく（注意されたことが頭の上を通りすぎていくだけ）。
③　そして、自分は歓迎されていないと感じたり、人として信用（信頼）されていないように察知したり、不快な気持ちになっていく（つまり、指導者のホスピタリティー不足）。
④　日々の活動のなかのリスクについて確認し合い、言葉で注意する以外にその危険を回避する方法はな

いかを考えてみる。さらに、考えられる予防対策を具現化する。

⑤ 日々何事もなく遊んでいる場所でも、当日の環境変化による危険も考えられる。常にアンテナを張り、いつもと違った変化や危険がないかを意識する。

⑥ 楽しい活動を作るために二重、三重にチェックし合う力量を持つ。何よりも、複数の指導者で確認し合うことが大切です。

保護者に対するホスピタリティーを実践する

① 保護者の方々に、子どもたちの自然体験活動の重要性に期待を寄せてもらえるようになるには、指導者に、自然体験活動に対する専門的な知識とあわせて人柄（感性）がどう豊かであるかが問われる。

② 一方、その知識や専門性が低く、そこにホスピタリティーがなければ、保護者は心を開かず、いくら説明しても〝理解はすれども心の中までは響かず〟満足度は低いままの可能性がある。

③ 保護者に自然体験活動の効果も期待してもらうためには、保護者の願いを理解し、指導者自身が自然体験活動にふさわしいホスピタリティーを持つことが求められる。

④ 保護者は、子どもたちが自然体験活動に夢中になり、楽しく遊んだ報告を受けると、自分も参加したいと思えるようになり、理解を深めていく。

⑤ 自然体験活動の効果を保護者にどのように知らせ、伝えていくか、工夫と努力は必要不可欠。

指導者のホスピタリティーの基本

① 自分がやっていることに魅力が持てないと夢を継続できなくなるが、その魅力は自分で作り出すもので他人から与えられるものではない。

② 周りの人の力を借りる勇気を持つ。自分が素直になればなるほど人は力を貸してくれる。そして、手を貸してもらうときには、頭を下げる謙虚さを持つ。

③ 信頼して語り合える仲間がいないと、その夢を継続することは難しい。いつでもどこでも語り合う。そして、結論は自分たちで出し、行動していく。

④ いま自分は何をすべきか、先を見て行動する力を持つ。自分のやることがわかっていない人は、外から見ると、ぶれているように感じることが多い。

⑤ どのような難問でも、挑戦し続ける限り、答えは必ず見つかるという信念を持つ。それを信じる職員集団を作ることができるかどうかが問われる。

⑥ 心を開いて語り合い、支え合う仲間がいるかどうかは大変重要。

⑦ 後輩は、先輩の背中を見て前に進む。理論的な力量も必要だが、基本的なことは経験とそこからの学びがものをいう。

⑧ いまさら聞けないことでも率直に聞く力を持つ。通常は、〝聞くは一時の恥、聞かざるは一生の恥〟であるが、ここでは〝聞くは一時の恥、聞かざるは一生の損〟と肝に銘じたいものである。

⑨ いままでと同じことをやっていては、退化につながる。

⑩ 学び続け、実践し、振り返り、再び計画していくことが大切で、守りの姿勢では、ほかにおいていかれる可能性が高い。

⑪　間違えたと思ったらできるだけ早く謝る勇気を持つ。「自分は悪くない」と思っているうちは何も解決されない。

リーダーに求められる力量

子どもたちの心に刻まれる自信をどうつけるか

雪遊びに出かけたときのことです。森のようちえんグループの雪遊び会場は、スキー場の配慮もあり、リフトに乗せてもらって山の中腹まで上がり、雪質のよい場所で思い切り遊ばせてもらうことができました。そして、その日のすべての活動が終わり、帰りは再びリフトに乗せてもらう予定でその準備をしていました。

しかし、私は子どもたちが先ほどまで遊んでいた、なだらかな斜面の下の方を見て、瞬間的に「ここを歩いて下りよう」と考え、スタッフに提案しました。スタッフのなかには「圧雪機も入っていないところを歩いても丈夫ですか」「予定の時間を大幅に超えますよ」「子どもたちの体力は大丈夫でしょうか」などと、不安そうな意見も出ました。

私は、以前このコースを数回歩いて下りた経験があったので「大丈夫です、時間もまだ早いし、天候も悪くはないし」。〝これこそまたとないチャンスを活かすときが来た〞と判断し、子どもたちを引率する体制を整え、全スタッフに進め方を説明し、私が先頭になって雪道を作りながら歩き始めました。

雪質は最高の状態でした。雪の深さは膝上まであり、雪道を作りながらのラッセル作業は大変でした。「子どもたちに新雪の上を歩く体験をさせてあげたい」という一念で歩いていました。しばらくすると、後ろから歩いていた佳太君（7歳）が「ヨンタちょっと待って！」と声をかけて追いかけてきます。振り返って見ると、「ボクたちがヨンタより先に歩きたい」と言うのです。子どもたちだけで降り積もった雪の上を先頭を切って歩くのは大変なことだと思いつつも〝これもよい体験になるのでは〟と思い、近くにいた友だちと一緒に先を歩いてもらうことにしました。

▲新雪の上を歩いて下山する

新雪は子どもの太ももまであり、この雪を踏みしめながらの雪道づくりは、子どもたちにはかなりの重労働だったことでしょう。しかし、彼らは実に楽しそうに歩き、最後まで頑張り通しました。そして、下にたどり着くと、3人とも汗びっしょり。〝やり切った〟〝楽しかった〟という自信にあふれた笑顔がとても素敵でした。

あらためて、リーダーとして、そのとき〝子どもたちに何を体験させてあげたいか〟という判断力が問われていると感じました。一方、経験があったからこそ決断できた訳で、経験がとぼしいときの判断は難しく、ときに無謀と思われることもあるので、十分に注意したいものです。

「やってみたい！」という気持ちをどこまでも応援する

リーダーが作ったブランコで遊んでいた桃花さん（5歳）は、自分でもブランコを作ってみたいと思ったらしく、私のところにひもを借りに来て、ビニールの細いひもをもっていきました。

私たちが作るブランコは耐荷重700kg以上に耐えられるもので、直径が9～10㎜程度の綿のロープを使用しています（ブランコの作り方の詳細は後述）。

さて、桃花さんはどのようなブランコを作っているのだろうかと制作中のところに見に行くと、自分の身長よりも少し高い木の枝に、借りてきたひもをぶら下げていました。そして座るところは、直径2㎝ほどの枯れた枝を使っていました。それを見た私はつい「それではブランコにならないよ」とアドバイスしようとしましたが、そばにいたリーダーのトントンは、私の顔を見てウインクしながら首を横に振りました。

▲ブランコ作りに挑戦中

「黙って見守りましょうよ」という合図でした。そこで、少し離れたところで観察していましたが、枯れ枝を結び付けOK。桃花さんは、「完成っ」と声を上げて喜びながら、その枝に腰を下ろしました。その瞬間、枝はぽきんと折れてしりもちをつきました。

大人が先回りをして教えてあげることは簡単です。が、それは〝親切という名のお節介〟になり、子どもの貴重な体験にはならないことの方が多く。私たち大人は子どもたちがやってみたいことを応援できる広い感性を持ちたいものです。

（後日談）

保育園での桃花さんは人前に出て、自分がやりたいことを主張することはあまりなく、先生方からも「おとなしいお子さんですね」で通っている子どもだったそうです。しかしあるときから、自分がやりたいことがあると、前に出てくるようになり、先生方からは「最近何か変わったことがありましたか」という質問があるくらい積極的になっていたそうです。

お母さんは「特に変わったことはないのですが、去年から月1回程度実施されている〝森のようちえん〟に参加しています。そこの活動でも、リーダーから、最近の桃花さんは自分がやってみたいことには積極的に挑戦するようになってきましたね、というお話がありました。ひょっとしたらその様なことが影響しているかもしれません」と話したそうです。

一見、非効率と思われる遊びを一緒に楽しむ

子どもたちの遊びのなかには、どう見ても非効率だなと思うことがあります。今日は、竹林の中に切り倒されていた竹を見つけそれを引っ張り出してきました。どうするのだろうと見ていると、上の広場まで持っていくとのことで、みんなでかついで運び始めました。

よく見てみると、竹の細い方を先頭にして運んでいました。すると山道の曲がり角や木の枝が出ていると

ころでは、竹の幹から出ている笹の部分がひっかかり、動けなくなることがありました。そのたびに動きが止まり、引き返しては、ひっかかっている部分を外してまた前に進みます。

そこでリーダーなら「竹の根っこの方を先頭にすると、笹がひっかからずに運びやすいよ」と言いたいところですが、今日のリーダーは、にこにこしながら一緒に運んでいました。

▲竹の先端を前にして運んでいく

効率性から考えると、間違いなく根っこの方を先頭にした方が竹のしなりもよく、木の枝や、やぶにもひっかかることもなく運べることは間違いないことです。

しかし、ここでは、効率性を優先しようとする大人の感覚ではなく、あちらこちらにひっかかりながらも、黙々と運ぶ子どもの感性につき合いながら、一緒に楽しむことにしました。

勇壮なキャンプファイヤーを楽しみ人間の尊厳や命の大切さにふれる

自然界の中で猛威をふるう恐ろしいものの一つが火だと思います。私たちはその火を上手に使いこなすことができるようになり、今の文明を手に入れたといっても過言ではないでしょう。そのためには小さいときから、たき火や焼き芋をはじめとした火遊び、そしてすべての参加者の顔を真っ赤に照らす勇壮なキャンプファイヤーを楽しむ体験が必要です。しかし、日々の生活でたき火や焼き芋を楽しむことはなくなりました。せめて自然学校に出かけた時は、野外炊飯や最終日の夜を彩るキャンプファイヤーを楽しみたいものです。

さて、キャンプファイヤーでは燃え盛る火を囲んで歌い、踊り、ゲームや寸劇を楽しむなど、その演出は様々です。各団体ごとに演出することは大切ですが、テレビや映画の影響を受け、人間の尊厳や命の大切さが希薄になった物まねのようなキャンプファイヤーに出会うこともあります。折角大自然のなかに出かけているのにもったいないような気がいたします。

昔ながらのシンプルなキャンプファイヤーとはいかないまでも、今一度、誰のために、何のために、どのようなキャンプファイヤーをするのか、みんなで語り合い共有したいものです。

▲闇夜を照らすキャンプファイヤー

活動を具体的に報告する力を身につける
——森のようちえん&森の冒険学校・雪だるまキャンプ

いざ雪遊びに出発

4歳（年中）から7歳（小学2年生）までの19名とリーダー8名は、保護者に見送られながら日野社会教育センターを出発しました。いつもは職員が仕切るバスのなかの進行を今回はリーダーにお願いしました。このリーダーは幼児のころから日野社会教育センターの会員で、大学生、社会人になってからはリーダーとして活躍してくれています。

前に立ったリーダーは、やや緊張しながらもバスのなかでも順調に進行してくれました。彼女は子どもたちの様子をしっかりと掌握しながらリードしてくれ、頼もしく感じました。

今回はリーダー全員、自分のことをクイズ形式で自己紹介しながら子どもたちの気持ちを引きつけていました。また、歌や手遊びをはじめ、いろいろなレクリエーションを演出してくれて、バスのなかは大いに盛り上がり、笑い声が飛び交い、バス酔いする子もなく雪国に向かいました。

やがてトンネルを抜けると一面の銀世界となり、子どもたちは大きな声を上げて喜んでいました。

バスレクの楽しい時間を過ごすうちに、新潟県の五日町（現・南魚沼市）に到着し、休憩の後はお母さん手作りの弁当を美味しくいただきました。

▲それぞれに雪遊びを自由に楽しむ

雪の原っぱ遊びへ出発の準備

弁当も終わり一休みしたところで、早くスキー場に行きたいという子どもたちのはやる気持ちを理解しつつも、先ずは雪遊びに出かける支度、担当リーダーの説明が始まりました。リーダーたちは、少しでもわかりやすくしようと紙芝居仕立ての内容に工夫をしていたので、子どもたちは食い入るように聞いています。経験豊富なリーダーたちは、小さな子どもたちにどのように説明すれば理解してもらえるだろうかなど、自分の体験も含めさまざまなアイデアを示します。初心者のリーダーは、その様子を見て、やがて自分にも順番が回ってきたときのための参考にしたいと集中して聞いていました。

▲みんなで協力して雪だるまの完成

今回の宿泊は、男女別棟になっており、それぞれに準備をすることになりました。男子リーダーは子どもたちの自主性に任せていましたが、これでは出発の時間に間に合わないと判断したヨンタは、子どもたちを集めて着替えの順番と雪よけスパッツの付け方など、子どもをモデルに具体的に説明しました。

しかし、一段落して回りを見渡すと、着替えた服があちらこちらに散らばっているのです。このままだと帰ってきたときに大変なことになると判断し、もう一度子どもたちを集めて、自分の服を確認させ、大きなバッグに詰めてから廊下に並べ、さらにその上に、小さなリュックを置くようにさせました。その結果、雪遊びから帰ってきたときの着替えが順調に進み、このスタイルで3日間過ごすことになりました。

今回の雪だるまキャンプでは、忘れ物ゼロという成果につながりました。

それぞれの雪遊びにとりつかれる

スキー場に着いた子どもたちは、ソリにスコップ、タイヤチューブ、バケツ、シートなどを手分けして持ち、雪遊びのできる雪の原っぱへ向かいました。

到着した後、遊ぶ範囲を決めてから雪遊びが始まりました。新雪に寝転ぶ子、ソリを始める子、雪だるまをつくる子、しばらくは周りの様子を見ている子、何をしてよいかわからない子とさまざまでした。15分くらい経つとすべての子が雪とたわむれて遊んでいます。なかには今回のキャンプで初めて出会う子どもたちもいましたが、遊びを通して何の違和感もなく友だちになっていきました。

子どもたちの様子を見ていると、自分の心が思うままに自由に遊べる喜びを見つけ出しているように感じました。

時を忘れたかのように遊んでいた子どもたちに、ヨンタは「明日は、いよいよリフトに乗って、上のゲレンデに上がって遊びます。そこにはなだらかな斜面とスリルのある斜面とがあり、今日よりもさらにワイルドな遊びを楽しむことができますよ」と、期待を持たせながら初日の活動を終わりました。

餅つき体験

初日の夕方は毎年恒例の餅つきです。大きな杵での餅つきを初めて見る子も多く、大きな音が鳴るたびに、

「おぉ～っ」と目を丸くして見入り、歓声が上がります。

また、宿屋のご主人がおおむねつき上げてくれたところで子どもたちの出番となるのですが、ほぼ全員の子どもたちがつきたいと希望したので子ども用の軽い杵に持ち替えていったのですが、どの子も馴れない作業で苦闘し、実に貴重な体験ができたようです。できあがったお餅は夕食となり、みんな満腹になるまで食べていました。宿では、餅つきをする団体も今では私たちのセンターのみとなってしまった、とのことでした。

▲重い杵をもって餅つきを楽しむ

お楽しみタイム

夕食後のお楽しみタイムは、子どもたちを巻き込んで演出しようと、〝サンタの修業〟というプログラムを準備していました。

内容は、サンタ学校の校長先生から雪遊びがとっても上手な雪だるまキャンプの子どもたちに「サンタさんになる修行をしてみない？」というお手紙が届くところから始まります。すると、子どもたちの大半が「やってみる！」と元気よく応えてくれます。なかには「ぼくはサンタさんになりたくない」という子どももいます。「どうして？」と聞くと「おじいちゃんになりたくない」とのこと。リーダーの間でも「子どもたちの思いはさまざまで、その思いは大切にしてあげたいね」と共有しました。

そしてお楽しみタイムはゲームから始まり、そのゲームが終わるピークにサンタの校長先生に扮したヨンタが登場しました。すると子どもたちはもうびっくり、興奮する子もいれば、ハッと目を見開く子もいました。校長先生は、「なぜサンタクロースが生まれたのか」などの意味を話しました。するとさっきまで大興奮だった子どもたちも真剣に話を聞いてくれました。

最後に、サンタから「このキャンプに参加した全員の子どもたちが、思い切り遊び、サンタの修行をしてくれたので、ここに小サンタ認定証を渡します」と、一人ひとりに認定書が渡されていきました。なかには感動で目を潤ませる子どもも出るほどでした。そして昼間サンタになりたくないと言っていた子も、小サンタ認定証を首から下げてもらうと、とてもうれしそうな笑顔に……。最後、リーダーの〝星に願いを〟のフルートの演奏とともに電気が消え、サンタが闇に帰っていきました。小学生の子どもたちは、「本当はサンタはいないよ」と言いながらも、認定証をとても大事そうに抱えていました。

スリル満点のソリ遊びを楽しむ

2日目にリフトで上がったグリンーハウス横の積雪は1m近くあり、高低差約10mくらいで、コースの長さは30m以上とれました。しかし圧雪はされておらず、コースづくりから始めることになりました。降り積もった新雪は腰まで埋まり、その作業は大変でしたが、子どもたちに喜んでもらおうと、リーダー数人でコース作りに挑戦し、スリルを楽しむことができそうなコースが完成しました。

子どもたちは早速チューブに腹ばいに乗り、足でブレーキをかけながらいざ出発。最初は思うように滑れなかった子どもたちも、徐々に感覚をつかみ、なかには両手・両足を広げてお腹だけをチューブに乗せて滑る子どもも現れました。そうなると足のブレーキも掛けずに滑るようになり、乗ったソリはだんだん加速して行き、ゴールに到着したとたんにからだが雪のなかに放り出されます。少しヒヤリとする場面もありましたが、何回も挑戦することで、到着時の体のかわし方も習得し、実に見事な滑りを披露してくれました。

これを見たほかの子どもたちも次々に挑戦滑っては登り、登っては滑りを繰り返し、日常では味わうことのできないスリルを楽しむようになりました。

一方、数回挑戦してみて自分には無理と判断した子は、なだらかな斜面の方に移動するなど、自分で判断し遊んでいました。ソリ滑りが上手下手は別にして、こうした経験こそ楽しさとリスクの境を体験させてくれる活動なのです。

▲スリル満点タイヤチューブ滑り

雪だるまキャンプ活動のふりかえり

【子どもの様子】

① 雪遊び中は、リーダーが役割分担して、子どもたちのやりたいことに寄り添えた。

② 2日目は午前中にレクの時間を取り入れたことで、レク係の子どもの活躍の場もでき、全体進行の時間調整ができ

た。

③　後片づけの手伝いを呼びかけたところ、たくさんの子どもが協力してくれた。

④　サンタ修行のための仕掛けに、どの子もすごく喜んでくれた。

【プログラム】

①　2日目、夜のお楽しみをサンタ修行としてストリーのなかに入れ込んだことで、全員が達成できた。

②　幼児向けのゆったりとしたスケジュールが全体にゆとりをつくり、プログラムが順調に進行できた。

③　1日目と2日目に雪遊びの時間を早めたことは、健康管理の面からも好判断だった。

④　サンタの修業は歌が盛りだくさんあり、とても楽しめた。

⑤　バスに酔わないおまじないの効果があった。

⑥　リフトで上がったグリーンハウスでは、昼食、休憩も含めてゆったりと休養させることができた。

【運　営】

①　意欲的で前向きなリーダーばかりで、全体的にモチベーションが高かった。センター側の方針をはっきり理解していた。

②　次のプログラムが始まる前に進行のリーダーよりインフォメーションがあり、子どもたちだけではなく、リーダーも次の動きが再確認できてよかった。

③　1日にミーティングを何回かもち、活動の変更についてもみんなで共有し合うことができた。

④　2時間ごとの休憩がちょうどよく、全体的にゆとりをもって行動できた。
⑤　天気に恵まれたことはラッキーだった。
⑥　雪遊びでは、リーダーを全体を見渡せる場所に配置することによって臨機応変に対応することができた。
⑦　予備の手袋など、すぐにとり換えられる環境にあった。
⑧　トップリーダーからの、遊具を投げて渡さない等、イメージの持ちやすい危機管理の話がよかった。
⑨　乾燥室の管理がしっかりできていて、乾燥室から出したウエアと小物がセットになっていて助かった。
⑩　リーダーの役割分担がよくできていて、そのことをみんなが理解し共有できていた。活動中のリーダーの位置がバランスよくとれていた。また、全体的に自分のやることが理解できていて、おおむね予測どおりに進行できた。
⑪　宿屋のアットホーム的な協力が得られ、ホームシックを出さない雰囲気があった。
⑫　リーダーの力量だけに頼らないための打ち合わせのあり方が論理的であった。また毎回参加のリーダーが多くいたにもかかわらず、ほどよい緊張感もあった。
⑬　「しめるところは、しめる」が少し足りなかった。アットホームなよさはあるが、移動時は一列で徹底するなど、安全にかかわるところはもっときちっとしてもよいのでは。
⑭　男性リーダーの数を増やすべき。
⑮　安全管理については、準備した資料を読み込んでもらう方法をとった。今回の経験をもとに整理が必要なところもあるが、説明しながら一行一行、一点一点を読み込んで理解していくスタイルは大切だっ

たように思う。

⑯　活動の記録を書く等リーダーの負担が深夜2時まで及ぶのは、健康管理上も好ましくない。

【活動面】

①　手遊びなど、リーダーが前に立つ遊びが多かったので、2日目の夜に行ったハンカチ落としのような、みんながひとつになって遊べるゲームをもっと取り入れたい。

②　子どもたちの注意を引きつけるような話し方、表現力を学びたい。

【生活面】

①　自由時間など、次の行動に移ろうとしたときに部屋にリーダーが一人しかおらず、部屋を空けられない時間帯があった。

②　班のリーダーと部屋でのリーダーが異なることなど、保護者の方から直接お願いされたことを伝えきれず、把握しきれなかった。今後は行き違いが生じないように気を付けたい。

③　小物など名前付けの徹底をはかる必要がある（忘れ物につながる）。

④　人数的に止むを得なかった部分もあるが、美味しいご飯が冷たくなっていた。子どもたちが集まってからリーダーが一斉に配膳してもよいと思う。スープにも同じことが言える。

保護者の方々からのメッセージ

① 娘が「とても楽しかった！また行きたい」と言っており、参加させてよかった。初めて親元を離れた雪だるまキャンプも、スタッフの皆様のおかげで無事終えることができ、娘には自信になったようで感謝しています。夏のキャンプにも参加したいと言っており、その際はお願いしたいと思っています。

② 今回もとても楽しかったようで、早くも来年の雪だるまキャンプに参加するのを心待ちにしているほどです。相変わらず身の回りの整理はできなくて、帰宅後に開けたリュックの中身の状態にびっくりでしたが、とりあえず親や兄弟から離れた寝泊まりは平気になり、少しだけ大人に近くなったかなと思いました。ほぼ24時間、昼も夜も見守り続けてくださったリーダーのみなさんに本当に感謝！　どうもありがとうございました。

③ 雪だるまキャンプやスキーの案内チラシを保育園にも配布したらいいと思います。小学生は学校から配布されたら知るけれど、園児は、社会教育センターに習いごとに行っている人以外は（特にセンター周辺在住ではない人は）口コミくらいでしかなかなか知る機会がないので。園庭のない保育園に通っている子の親は特にこうした企画にとびつく人は多いと思います。わが家も上の子が保育園に通っているころは、こうした企画をまったく知りませんでした（ＪＲ日野駅周辺では、日野社会教育センターの活動はそんなに知られていないです）。もったいない！

④ 説明会に参加しないとわからないことが多い。しおりだけでは持ち物がよくわからなかった。

⑤ 雪だるまキャンプ、本当にお世話になりました。リーダーの皆様、お疲れ様でした。子どもたちのあ

れだけのパワーにリーダーの方々、体力の消耗もすごかったのでは……。息子は帰ってきた翌日、体の疲れもあり、お昼寝しようとした際、一人シクシク泣き始めました。「とにかく、キャンプが楽しかった、みんなと離れるのがさみしい」と泣いていました。子どもの心にこれだけの思い出をつくってくれたリーダーの皆様に感謝します。自信を少しもってくれたり、こんな風に心の成長を感じられること、ありがたい限りです。すごく手のかかるわが子ですが、また参加させてもらえたら……ありがたいです。

⑥ 年中での参加でほんの少し心配していました。が、「とことんスキー」に行っているお兄ちゃんとも会ったという話も聞き、本人もさみしいという気持ちはなかったようです。来年は初めてスキーに参加すると意気込んでいます。また次回もよろしくお願いします。

⑦ 初めに参加費だけを聞いてしまうと、ちょっと高いかなぁ、と感じてしまいました。が、お子さまを参加させたことのあるご父兄のお話を伺うと、とても楽しそうだったので今回参加させました。実際、事前の説明会や活動の内容、帰宅後のフォロー、そして何より子どもの表情を見ると、今回参加させていただき本当によかったと思っています。

⑧ 親でもスキー場につれて行くことはできますが、あそこまでとことん一緒に遊べるかというと、とても無理だと思います。貴重な体験をさせていただき、本当にありがとうございました。

⑨ いつもお世話になっております。去年は大手スポーツクラブのスキーキャンプに参加しましたが、帰るやいなや「もう二度と行きたくない」とのことでした。夏のキャンプにこちらで参加させてもらった時は「楽しかった～」と帰ってきましたので、試しにスキーキャンプも行かせることにしましたが、「また春スキーも行きたい」と言うのでほっとしています。春もお願いします。

その他の野外活動で身につけたい力量

①子どもの動きが見えていること（経験を積む）。
②ハザード（危険）になりそうなときにはすぐにやめさせる（判断力）。
③子どもたちは大人の見えないところにはいかない（ルールの確認）。
④子どもの動きが想定の範囲内であること（経験による自信と謙虚さ）。
⑤今日の活動で、危ないと思われるもの（地形、動植物などで考えられるもの）を上手に避ける知識を持つこと（下見と観察力、情報の共有）。
⑥経験豊富なリーダーの体験を聞く。
⑦人間が本能として持ち合わせている〝危機察知（予知）能力〟〝危機回避能力〟〝危機管理能力〟をどのように伸ばすか（そうした直感力を鍛える）。

▽直観力は、生きるために必要な感覚であって、それは体験（遊び）で培われる。

里山公園の〝森〟を読む力を身につける（森を知る・春から秋）

▽その日の活動場所となる、地形的に危ないと予測される個所を上手に避ける観察眼を持つ。
①滑るところ（水にぬれているところ、砂利場、苔の生えているところ）。
②急な斜面、傾斜している土手。
③歩きづらい場所。

④ 沢や湿地や池。
⑤ 草が生い茂ったところ。
⑥ 高いところ（塀や立ち木、柵）。
⑦ 裂けやすい木、滑りそうな木。
⑧ 強い風が吹いているところ。

活動場所でのポイント

① 集合前の森のなか、集合場所でのふざけ過ぎに気配りする。
② 木の棒などで遊んでいる子どもたちへの目配りと見守り。場合によっては注意を促す。
③ リーダーの見えないところに行かないルールの確認（子どもたちにきちんと伝える。特に一人行動は禁物）。
④ 参加者の把握（それぞれのポイントごとに確認する）。
⑤ ハイキングを楽しんでいる一般の方もいるので邪魔にならないようにする。またできるだけ挨拶するようにする。
⑥ トイレの確認。早め早めの対応。
⑦ 木登り（木の状態を把握し、必ず見守り目を離さない）。

危険な動植物を上手に避ける知識と対策――「君子危うきに近寄らず」

① 森のなかに潜む危険な動物や昆虫（マムシ、ハチ、ダニ、ガ、毛虫、カ、ブヨ、ヒル）などについての知

識と、万が一のときの対処法を事前に学んでおく。

② 森に自生する危険な植物についての知識を深める（ススキ：葉の部分を握ると手を切る。野イチゴ・野イバラの仲間：とげがある。ウルシ：皮膚に触れるとかぶれて、かゆくなる）。

③「マムシ」「ハチ」などのさまざまな看板があるところでは注意を喚起する。

④ キノコ類（素手ではさわらない）。

⑤ 水辺にいるヒル。

子どもの体調管理と行動に気を配る——体のダメージを防ぐ暑さ＆寒さ対策

① 日焼け……火傷の一種であり、甘く見ないこと（帽子、薄手の長そで、長ズボンの着用。

▽対応―ぬれたタオルやきれいな水で冷やす）。

② 熱中症……目まい、手足のしびれ、頭痛、吐き気、けいれん、意識障害。

▽対応―涼しいところで休む、体を冷やす。水分と塩分の補給（スポーツドリンクなど）。

▽意識障害やけいれんのときには救急車を呼ぶ。

▽体温調整が上手くいかない、気温が低くても湿度が高い日は注意が必要。

▽予防五つのポイント。

○気温・湿度のチェック　○こまめな水分補給　○暑いなかでの無理な運動を避ける。

○吸水性や速乾性に優れている通気性のよい服装　○体調管理（前日までの体調の把握）

③ 低体温症……（寒さと風で体熱が奪われた結果、体温が異常に低下することによって起こる症状。全身が濡れ

▲春の雪をふみ締めながら山登り

ると通常の体温より10℃以上低くなり、唇が紫色になる）

▽対策　衣服は乾いたものを着せる。　布団や毛布などで暖める。体をさする。

▽温かい飲み物を摂取（利尿作用のないもの）

▽予防　寝不足にならない　水分不足にならない

―― 保温と防風対策 ――

①雨にはできるだけ濡れない（思いのほか体温が奪われる。ウインドブレーカーや薄手のウール、化繊の衣類は常備品と考える）。

②風の強いところに長時間いない（ウインドブレーカーは常備品）。

全体的な動きを把握する

①広い場所では子どもたちと全力で、のびのびとダイナミックに。そして自由に遊ぶ。

②友だちを叩くなど、ふざけ過ぎていると思ったら注意をする。

③遊びエリアの確認はしっかりと伝える。

④子どもへ伝えることは、要領よく、手短に伝える工夫をする。

⑤　子どもたちの話をしっかり聞いて、じっくり話し合うように心がける。
⑥　活動場所の四季折々の様子を把握しておく。
⑦　森のようちえん&冒険学校での遊びは、集中するものと次々と変化していく遊びがあるので、ブランコやハンモックなど、準備してある遊びはタイミングを見て行う（せっかく準備しても使わない時もある）。
⑧　シンプルに深く集中する遊びと、かたちを変えていつの間にか別の遊びに代わっていくものがある。
（遊びが遊びを作り出していくという考え方を大切にする）。

（帰り道では）
①　下り坂があるとつい走りたくなり、場所によっては滑るところがあるので注意を促す。濡れたところと苔のあるところは特に要注意。
②　両手には何も持たせず歩くように（滑りそうなとき、転びそうなときの対応につながる）。
③　多少遅れることがあっても急ぐ必要はないので慌てない（全力を使った遊びのあとは、転んだり、滑ったりと思わぬ怪我につながる可能性が高くなる）。
④　ほかに散策している人たちとのトラブルがないように注意を払う。

活動中のトラブルを察知する

【道具対策】

① のこぎり、ナイフ、鉈《ナタ》をはじめとする刃物類の正しい使い方を教える。

② 刃物類の管理（整理・整頓を徹底する）。

怪我対策（経験を活かして対応し二次災害を防ぐ。意識して冷静さを保つ）。

① 切り傷（刃物の使い方と管理）。

② 擦り傷（転ぶ場所の確認）。

③ 火傷（火のある場所から目を離さない）。

【喧嘩対策】

① 仲裁のタイミングを見極める。

② トラブルになりそうなときにはすぐにやめさせる。

【補足】（子どもの並外れた才能を理解するために）

・日々の活動で疲れすぎると、思いのほか余裕がなくなり、その結果、物事が前に進んでいないように感じることがあり、焦りが出てくる。それは、そのときそのときのホスピタリティーが不足している証拠であり、誰のせいでもない。こんなとき、誰かのせいにすると一見楽であるが、それは大きな落とし穴につながり、自分を苦しめることになりかねない。

・ホスピタリティーを自ら保つためにも、意識して休憩をとったり、心の持ちようを振り返ったりすること（先輩の助言をまとめるのも良い）。

・目の前には高い壁があるように見えるが、よく見てみるとそれは壁ではなく扉であるときもある。それを開くかどうかは、誰でもない本人の意思により決めていく。

・ものごとを解決していく方法論は、自分たちで議論しながら見つけていくものであり、人から教わったものを鵜呑みにしたものは身につかない。

・明るく元気に笑顔をもち続けることができるか。

・もうダメか、と思ったぎりぎりのところで本当の勝負が決まるときもある。

・ありがとうの心（感謝）と分かりあおうとする心（寛容）が、ホスピタリティーのめざすものである。

・全職員（スタッフ）がそれぞれの個の色を合わせて虹になれ。

・「森のようちえん」活動に取り組むリーダーの資格としては、幼稚園教諭資格、保育士資格をはじめ、さまざまな団体の研修で取得できる救急法、日本キャンプ協会、自然体験活動推進協議会などの研修で取得できる資格のほか、世界が認める資格まで多種多様であり、自分が必要とする資格の取得に全力で挑戦してほしいものである。そして忘れてはいけないことは、私たちが活動する目的とフィールドに照らしてもっとも必要な資格はどのようなものかを見極めることが大切であり、資格取得後の研鑽を忘れないことである。

・何よりも、子どもは並外れた才能の持ち主であることを理解し、そのことに気がつく大人でありたい。しかし、何をどう応援すればよいか、わからないときは、素直に仲間の助けを求める心を持ちたい。語り合うこと、学び合うことが最大の力になる。

第5章 野外活動を楽しむためのイ・ロ・ハ

まずは内容を吟味し、次に計画を立てる

日帰りにしても、泊りがけにしても、常に活動・運営・安全対策を中心とした計画書を作成するようにしました。それは、子どもたちが安全に活動できることをめざし、目標、留意点、体制などを記入し、職員・リーダー間で共有するためです。そこで、活動計画は誰でもが理解できるよう、分かりやすい言葉で記入する必要があります。

記述例

事業名。活動日。担当者名。スタッフとリーダーの体制。参加人数。活動場所。緊急時の連絡先。医療機関。緊急時の体制。備品、持参するファーストエイドなどを明記する。続いて、目標や留意点などは、実際に活動する場所に則して記入していくことです。

目　標

①　一人ひとりの子どもが、自然のなかで遊びを見つけたり挑戦したりする力を育めるようにする。
②　自分のやりたいことを見つけ実現することで、子ども自身が達成感や満足感を得られるようにする。
③　子どもの好奇心が芽生えるようにする。
④　自分の持っている力の限界を知り、自然と向き合うときの安全確認ができるようにする。
⑤　安心して参加でき、今後も参加したくなるような関わりをもつ。

留意点

①　活動中は子どもの安全を最優先し、危険場所の確認をする。
②　一人ひとりの声が聞けるよう、しっかり子どもの様子を見る。
③　怪我をしたり、病気になったりしたときには速やかに対応する。
④　スタッフ間の役割を明確にし、スムーズな流れをつくる。
⑤　雨の活動となった場合、濡れからくる寒さが予想される。出発前に子どもたちの装備や服装、様子を確認しながら活動を行う。場合によっては時間の短縮などをする。
⑥　幼児の参加者が多いので、事前にトイレの場所を確認をしておく。

活動について（下見をし、打ち合わせをしたうえで具体的に記入）

①　予想される危険個所の確認と対策。
②　出発前準備として、顔色や体調などのチェックをおこなう。

③気候に合わせて服装を確認、両手が空いているか、リュックをしっかりと背負えているかなど、持ち物の確認をおこない、子どもにストレスがかからないようにチェックする。
④場所によっては迷子の恐れがあるので、子どもたちを見失うことがないように、人数確認を徹底すると同時に、子どもたちの動きから目を離さないようにする。
⑤遊ぶ範囲はある程度決めておく。
⑥ハチやヘビに出会った場合には、こちらから攻撃するようなことはせず、その場でじっとしているか、静かに移動すること。刺されたりかまれたりした場合は緊急時の対応をとる（やぶのなかにむやみに入らない）。
⑦アレルギーのある子どもがいる場合、リーダー同士で確認するとともに、子どもたち同士のおやつ交換に注意する（卵、乳、そば、小麦、落花生、小麦、エビなどの特定アレルゲン使用のお菓子）。
⑧子どもの体調の変化に気を配る（行動が急ににぶる。顔色が良くない。眼に力がない等）。
⑨雨などによる寒さが予想される場合、子どもたちの冷えやトイレの確認などに留意する。
⑩かぶれる恐れのある植物には触らないよう声をかける（事前に学んでおく）。
⑪不審者やリードを外した犬などに出会う可能性もあるので、一人での行動はさせずスタッフがつく。
⑫刃物などを使用する場合は一人ひとりの行動を把握し、約束事をきめる。
⑬とにかく「笑顔で元気にあいさつ」が一番大切。
⑭スタッフの不安な表情は子どもも保護者も不安になってしまう。子どもの緊張を和らげるようにする。
⑮参加者の名前を呼びながら名札を渡す。

⑯　活動の締めくくりは、元気に終われるようにする。
⑰　活動中の子どもの様子を保護者にお伝えする。特に怪我などがあった場合には職員も一緒に報告をする。

森遊びについて保護者の皆様へお伝えしたいこと

①　この活動は自然のなかで思い切り遊ぶことを通して、真の環境教育につながって欲しいとの願いをもって取り組んでいること。
②　活動場所では雑木林や草原の散歩、虫取り、草花遊び、自由遊び、ロープを使ったダイナミックな遊びを行なう。
③　山野草の観察や許可をいただいての摘み取り体験、さらに場所によっては作物の収穫体験を行なう。
④　自然素材をつかったパン作りや野外炊事の体験、クラフトやアートの制作活動を通じて、環境教育や自然体験の機会を提供する。
⑤　何よりも子どもたちが自分で判断して遊ぶ（活動する）ことを基本にする。

集合・解散場所について

日野社会教育センター森のようちえんでは、活動場所へは現地集合、現地解散とする。また、現地での活動は基本的に親子別々に行なう。プログラムによっては変わることもある。

写真撮影について

活動中、記録用として活動の様子を撮影し、写した写真は保護者の皆様に見ていただくとともに、ホームページに掲載したり、広報資料として活用させていただく。

保護者との意見交換会について

子育てについて、幼児教育の専門スタッフも交えて語り合えるように努力する。お互いの意見交換のなかから、子育てが楽しくなり、自信につながっていくようにする。

個人情報の取り扱いについて

「個人情報は、個人の人格尊重の理念の下に慎重に取り扱われるべきものであり、その適正な取扱いがはかられなければならない」という基本理念に基づき、個人情報の適正な取り扱いに関して、関係する法令および定める規定などを遵守し、次のような対策を実施した。

① 事業の実施に関して知り得た個人情報は、職員以外の他人に本人（保護者）の了解なく知らせることのないようにする。
② 事業実施に伴う目的以外に利用しないことを職員に周知する。
③ 参加者の名前や写真の掲示などの公表については、保護者の了解を得るようにする。
④ この事業の申込書など書類の取り扱いには、保管方法など万全を期す。

持ち物や服装について

①　活動中の服装は、伸縮性のあるスラックス、長袖、足首をカバーできる靴が理想。
②　活動する場所により、変わることもある。
③　変更があるときにはそのつどアドバイスする。
④　なお、アウトドアの活動を楽しむための服装やリュックをはじめ、いろいろなグッズについては経験豊富な職員が直接アドバイスならびに相談させていただく。
⑤　活動後のごみはすべて持ち帰りとする。

安全管理について

①　参加者全員が野外活動保険に加入する（手続きはすべて日野社会教育センターで行なう）。
②　活動中の小さな怪我や虫刺されなどに対しては、現地でファーストエイド対応をし、緊急性のあるときには救急車の要請をする。
③　怪我の大小に関らず、緊急対応としてのアンケートを事前にお願いする旨の協力をお願いする。
④　飲み薬は、保護者の責任において服用をお願いする。
⑤　万が一の時の保険については、日野社会教育センターが加盟している保険で対応する。

活動の中止および延期について

①　少々の風雨では実施する。ただし、活動場所によっては少々の風雨でも実施できないこともある。中

止のときには参加者全員に連絡する。

② 台風などの荒天が予想されたり、雷雨が激しいときには活動を中止または延期することがある（参加者全員に連絡）。

安全対策計画について

活動場所の下見などを十分に行い、具体的な安全活動計画を作成する。

活動ごとの報告会の実施

活動の様子をお知らせする手立ての一つとして、活動終了後、スライドショーなどを開き、私たちの願いが伝わるように工夫する。

リーダー身支度入門・日帰り編

子どもたちと一緒に森遊びをするリーダーには、子どもたちに寄り添う優しさと合わせて、一緒に遊ぶはつらつさと、機敏さが求められています。

そのためには、身支度がとても大切です。森のようちえん&冒険学校での森遊びを楽しむために、これまでの経験をもとに日帰り程度の身支度についてまとめてみました。

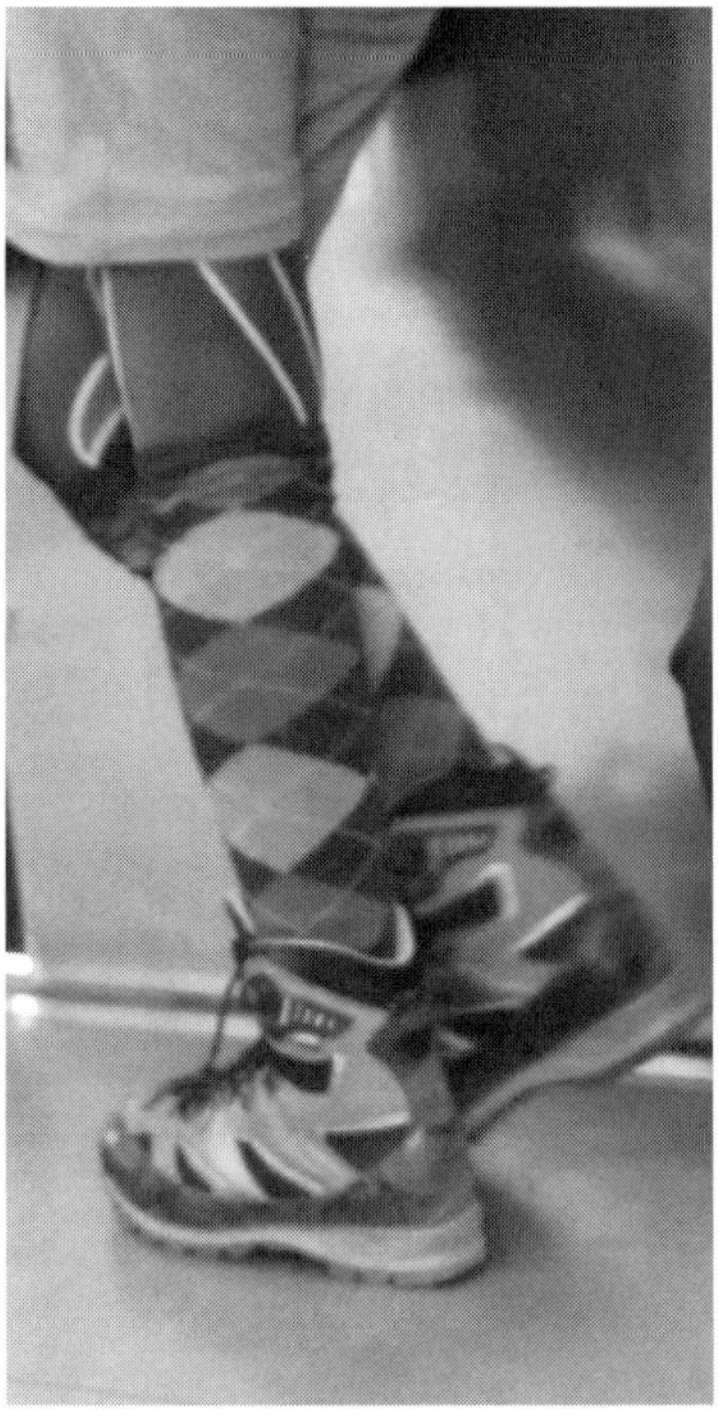

▲野外活動の身支度は足元が大事

服装

①動きやすいことが一番。寒い時期は厚めの、暑い時期には薄めの長そで長ズボンを着用し、両手は空いている状態に（寒さや暑さからからだを守る、肌の露出を控え、害虫や有害植物からからだを守る）。

②ズボンはできるだけゆったりしたものを着用する。肌とズボンの間にゆとり空間（空気）があることで、保温性と通気性を保つ。また、木の枝などにぶつかったときにも緩和してくれることもある。からだにぴったりフィットしたものは避ける。特に高低差のある場所での活動には、太もも付近でズボンを摘み上げて、５㎝前後の余裕があるものを着用する（Ｇパンは避ける）。

③半ズボンを使用するときには、ズボンの下に収縮性のあるスパッツをはき、かつ、ひざ下までのロングの靴下を着用すると安全度が増す（写真参照）。

④アンダーウエアは肌の上に直接着る下着（汗を吸収し短時間で乾燥、肌触りがよい）。自分の体にフィットしているなどの条件が整っていればベスト（昔は綿製品が主流で、汗は吸ってくれるが乾きにくく不快感があった。また、休憩していると寒くなってくるので、私は必ず着替えを持参していた）。

⑤インナーウエアはアンダーウエアの上に着たり脱いだりできる動きやすいものにする。保温性が高いこと、べたつかないもの、伸縮性があるもの。フリースや携帯に便利な薄手のインナーダウン、ウイン

ドブレーカーがおすすめ。

⑥アウターウエアは一番外に着る上着。防水や撥水性のあるもの。蒸れにくいもの。耐風性のあるもの。また、裏地が二重、三重になっていたり、メッシュのものなどがあるので、目的によって選ぶ。昔、先輩から「暑ければ脱げばよいが、いくら寒くても無いものは着れない」と言われたことがある。

⑦帽子は寒さや暑さから頭も守るもの。人間の体温は頭からの放出が一番大きい。そこで、冬場は毛糸やニットなどの帽子を、夏場は日よけが付いているもので通気性がよい物（日焼け、熱中症予防）を選ぶ。また、最近は後頭部から首筋への直射日光を避ける帽子もあるが、タオルなどでも代用できる。

（帽子も用途によりさまざまなタイプがある。落下物や転倒時の怪我を防いでくれることもあるので、外に出かけるときには必ず着用するという習慣を身に着ける）。

⑧手袋。通常の活動では軍手で十分。ただし、火を使うところでのナイロン系の着用は控える。

▽服装関係に限ったことではないが、素材や用途により値段が変わってくるので、共通して撥水性や防水性に優れているものを購入したい。

▲ロープを頼りにバランス体験

ザック（リュックサック）　荷物を背負って両手を空けていることで事故の予防になる。

選ぶポイント

① 大きさの目安は30〜40リットルくらい。メーカーによりデザインや使い勝手が違う。レインカバー付がおすすめ（大きめのビニール袋でも代用できる）。

② 背中の部分やショルダーが体にフィットしているもの。

③ ウエストベルトは太めのしっかりしたものがベスト（背負ったときには必ず締める。また胸の付近にもベルトがあるときにはこちらもしっかり締める）。

④ サイドポケットは５００ミリリットルのペットボトルが半分以上収まる深さがあるものがベスト。リュックを背負ったときに、荷物の底の部分がお尻にかかっているのはお勧めできない。肩越しにまわした手で、リュックの上の部分がつかめるように調整する。また片方の肩だけで背負うのはやめる。

雨　具（カッパ）

雨具は晴れていても必ず持参する。

① セパレーツタイプで防水性または撥水性のもの。重ねて透湿性（蒸れが少ない）に優れたものがおすすめ。ポンチョでもよい。

② カッパの役割は、雨を防ぐことが一番だが、防風性や保温性が必要なときもあるので、季節に応じて使い分ける（防寒具にもなる）。

靴

足を保護することが役目。デザイン性よりも履きやすさを最も大切にする。自然のなかの歩行は、街中の歩行とは違い、高低差があったりすべりやすかったりする。そこで、安全は足元からを目標にしたい。

① 靴の種類は、かかとの高さによりくるぶしが見えるローカット（一般的なスニーカー）。くるぶしが隠れる程度のミッドカット（軽いトレッキングシューズ）。くるぶしが完全に隠れるハイカット（登山靴）の3種類があり、森のようちえん&森の冒険学校、自然学校では、ミッドカットの靴がベスト。

② 靴底は、溝が深く、砂利場やぬかるみなどの悪路にも耐えられるものを選ぶ。

③ 靴底から上の素材は、防水性や撥水性により価格が違ってくる。防水性が高いと蒸れにつながるので、目的により選ぶのがよい（購入するときには厚手の靴下を持参する）。そして必ず履いてみて、歩き心地を確認すること。指先や甲など当たるところがあるときには要注意（靴の下敷きは必要に応じて使用する）。

④ 靴ひもの結び方は一般的に蝶結びが主流。しかし、ほどける心配があるときには蝶結びの上からもう1回結ぶこと。

腕時計

① 腕時計は必須品の一つで、防水性にすぐれ衝撃に強く、ベルトのしっかりしたものを選ぶ。

② ファッション性が高く日常使用する物は不向き。アウトドア専用の腕時計を持っておきたいもの。

③ デジタルかアナログかは好みにより変わり、気温、気圧、高度をはじめ、さまざまなデータが数値で欲しいときにはデジタル時計がよい。

④　目的の時間までの所要時間や経過した時間を瞬時に知るためには、アナログの方がわかりやすい。

食料関係

①　水は多めに持っていくように。本部的な役割を担うスタッフは1リットルくらいを目安にする。

②　活動中は、こまめに補給するように促す（のどが渇けば水を飲むことはいいのだが、活動半ばで飲み干す子もいるので注意が必要）。

③　弁当を購入するときには集合前に済ませておく。

④　行動食（おやつはときによっては非常食となる。休憩時などに少しずつ口にすることができるもの。キャンデーやビスケット、チョコレートなどはエネルギー補充になる。糖質のものであればどのようなものでもよい）。

⑤　非常食（日帰りなどのときには大げさに考える必要はないが、おやつと考えて乾パンやビスケット、チョコレート、チーズ、氷砂糖などを持参するとよい。ただしキャンデーやチョコレートは夏場には不向き）。乾パンか氷砂糖を少量ではあるが、常に持ち歩くようにしたい。

⑥　アレルギーのある子もいるので、そのときには安易におやつ交換などをしないように気配り目配りする。

携行品

①　ヘッドライト。日帰りの活動でも、予期せぬ事態は起こるものと考えて持参する。また、両手を開放するために手持ちのランプよりヘッドライトの方が便利。

②　ナイフ。よく切れるものを持参する（グリップがしっかりしたカッターナイフでもよい。しかし、クラフト

用としては切り出しナイフを使う)。

③ ファーストエイド。「使わないに越したことはない」が必ず持っていくのがこのセットで、基本的なものは本部で準備する。バッグの中身はどのようなものが入っているかは必ず確認しておく。しかし、包帯や三角巾、消毒薬など、最低限の使い方や処置方法を知っていなければ何の役にも立たないことも知っておく。また自分用の、服用中の薬、風邪薬・解熱剤、下痢止め・バンドエイド・湿布・虫除け・テーピング・ガーゼ(包帯)などは自分で持参し、本部のものとは一緒にしない。

④ 携帯電話。スタッフ間との連絡と合わせて、スマホなどはピンポイントでの天気予報や地震速報などを知ることができる(圏外もあるので過信はしない)。

知識と経験を蓄える

① 自分の組織の内外を問わず、いろいろな学びへの出会いをチャンスと思えるアンテナの高さを身に付ける。何よりも豊かな人脈を持つこと。それはやがて大きな財産になり、さまざま経験や体験のなかから、自分がめざすものを見つけることができた人はラッキー。

② 有害植物に関すること:うるし、トゲのある植物、キノコ類には手を出さない。

③ 危険な昆虫や動物:ハチ、ムカデ、ブヨ、毛虫、マムシなど、見分けることができる知識を持つ。

④ 打撲、捻挫、切り傷、すり傷、火傷などへの対処方法をマスターしておく。

⑤ 熱中症:夏場の野外とは限らないが、からだのなかと外の〝温度差〟によって引き起こる不調で、日射病や熱射病などの総称をいう。

熱中症の対策　涼しい日陰に移動する。衣類をゆるめて休む。体を冷やす。氷や冷たい水でぬらしたタオルを手足に当てる（水がない場合は、衣服などを使ってあおぐ）。そのためにも水分は常に補給すること。意識がないとき（反応が鈍い。言動がおかしい）には、すぐに救急車を要請する。

初心者向けロープワーク（森のようちえん&冒険学校の遊びで知っておきたい基本の結び）

ひも結びの基本は、結んだら解くまで解けないことで、それが十分に確認できるのであれば、どのような結び方でも問題ない。このことを理解したうえで、以下基本のひも結びと応用のロープワークを紹介したい。

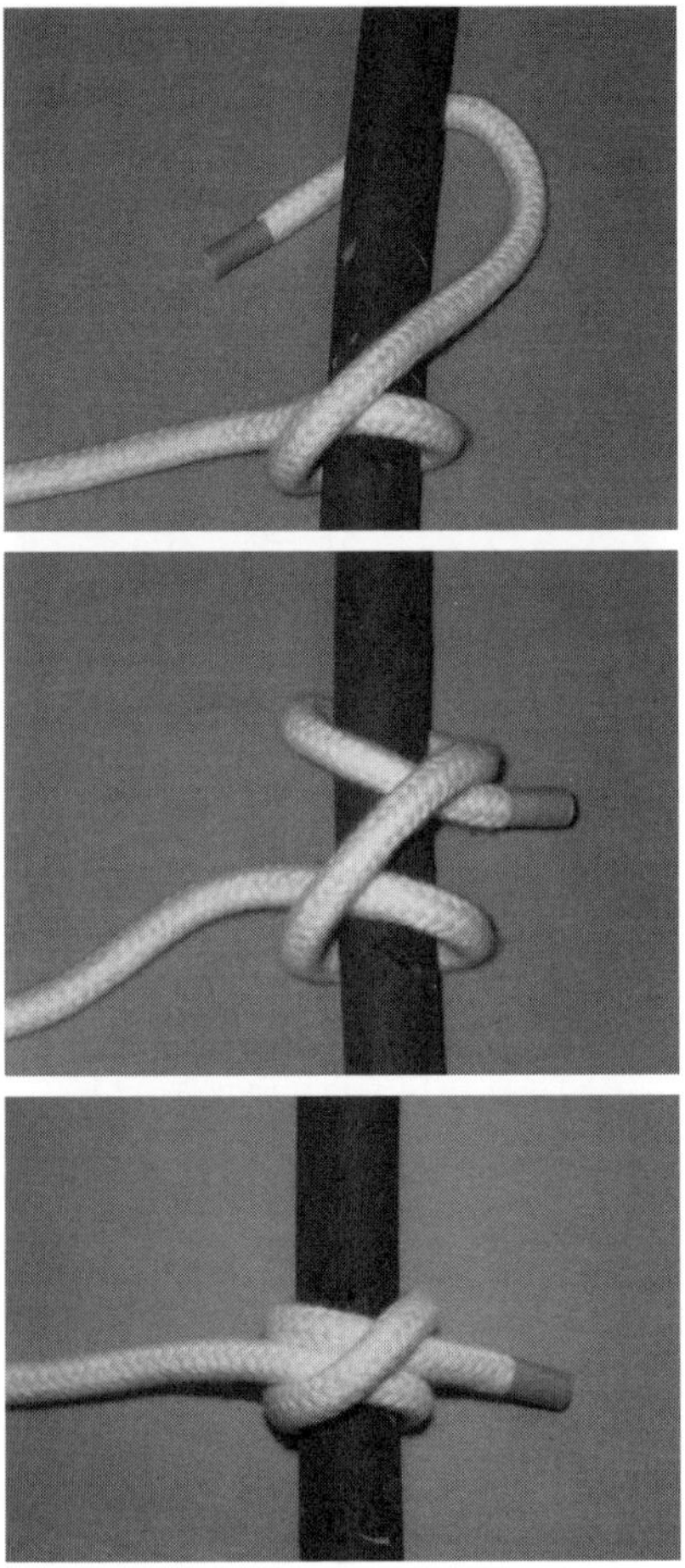

▲巻き結び（Clove Hitch）

ロープ結びの基本と言われており、一般によく利用される結び方。結びやすく一度しばったら緩みにくく、結ぶ大きさに関係なく結ぶことができる。また結んだものを解きやすくするためには、端末を長めにとり折り返して、引きとき結びにする。

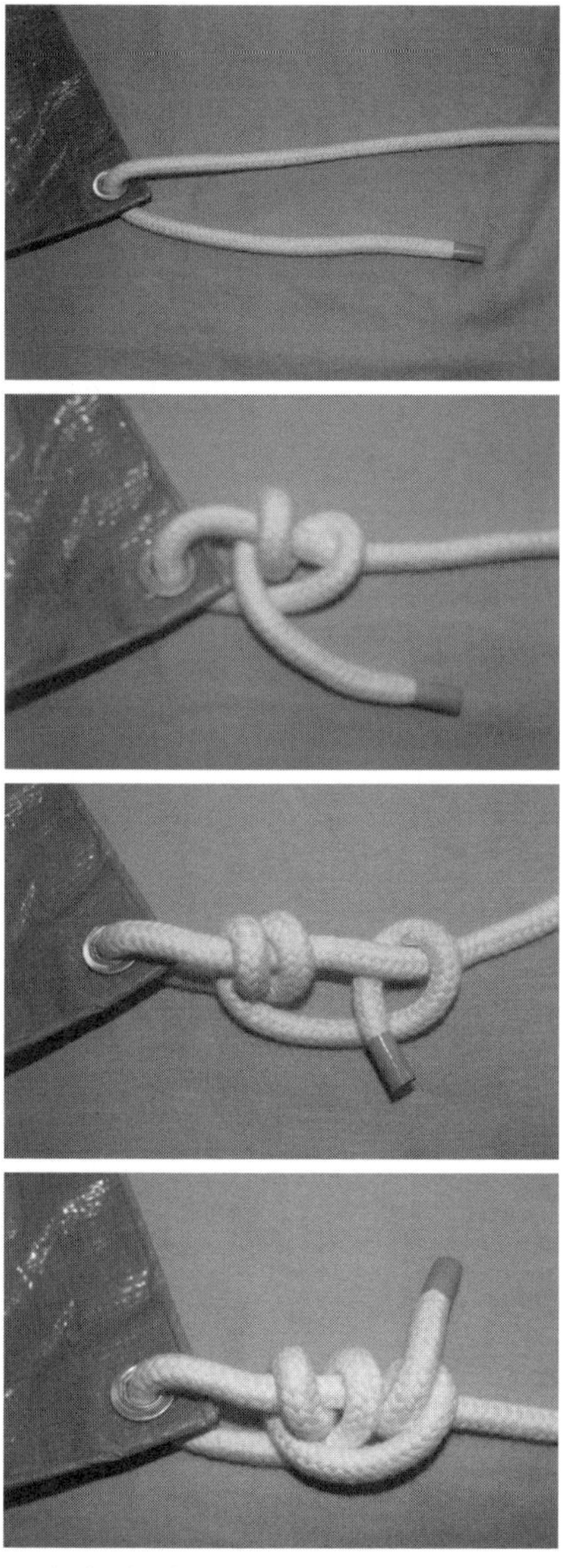

▲自在結び（Taut-line Hitch）

長さを調節できるこの自在結びは、キャンプではよく使われる結び方。テントやタープを張るとき自在結びを使えば、張り具合を自由に調整し緩んだら再び張ることができる。洗濯物を干すときも便利。知っているのと知らないのとでは大違い。

▲引きとき結び

しっかり結んだひもをほどくときに、ひもの端っこを引っ張るだけですぐにほどける。ロープ結びの基本のひとつ。タープやブルーシートなどのハトメ部分を結ぶときにも便利。

ロープ結びの応用〝どこでもブランコ〟

高い木にぶら下げて作ったブランコ遊びは、非日常的な活動の極みであり、ほとんどの子どもたちが興味を持つプログラムである。そこで、この活動を楽しむための事前準備と気をつけたいこと。

①ロープは綿のロープで、8~10㎜前後のものを利用する（ちなみに耐荷重は500㎏以上のものを選ぶ）。

②ロープの結び目は確実に結んであるか、念入りに確認する。子どもの体重とはいえ、大きく揺れれば揺れるほど遠心力は増していく。

③木が高ければ高いほどかなり大きく揺れるので、周りの安全を十分に確認してから遊ぶ。

④子どもが乗ったら、最初から大きく揺らさず少しずつ揺らし、子どもの様子をしっかりと観察しながら揺れの大きさを変えていく。

⑤もし、「怖い」と言ったらすぐに止めておろす。また「怖い」といわなくても、ロープを握っている手がかじかんでいたり体が震えているときには要注意。

準備する物

①太さ8~10㎜くらいの綿のロープ（耐加重500~700㎏）。

②ロープを木の枝に通すための木でできたおもりと、ナイロンのロープ20mくらい。

③板&棒。お尻を乗せる部分。棒は直径30~40㎜で長さ30㎝くらい。板の場合は厚さ15㎜くらい、幅10㎝くらい、長さ30㎝くらい。両端に吊るしたロープを通すV字型の切込み（みぞ）を入れておく。

ロープを掛ける

① ロープが掛けられる横に伸びているしっかりとした木の枝を探す（経験を積むことが一番）。

② ロープとナイロンのひもを結び、おもりのついた木を振り回し、狙いを定めて木の枝を通過させる。

③ ナイロンのひもを引っ張って、メインのロープを通す。

ブランコを作る

① 棒を使う時には、木に吊るした片方に棒を結び、片方を別の木などに固定する。ここでいう固定とは、緩まないこと、ほどけないことをいう。

▲どこでもブランコのグッズ

② 板を使う時には、木から吊るした両方のひもを適当なところで結び、V字型の切込み（みぞ）の部分をはめ込めば完成（結び目は残った分部と一緒に束ねて、木の上の方に移動しておく）。

火を使った野外炊飯を楽しむために

オール電化になりつつある現代だからこそ、生《なま》の火を楽しみ、火の怖さ、火のありがたさを知る意味からも、幼児青少年期にはぜひ焚き火や野外炊飯などを体験してほしい。

火が燃え続けるためには、可燃物（燃料）、熱源、酸素の三つがそろって初めて燃え続けることができる。また火がつく温度は乾いた木材の場合270度前後。したがって、雨にぬれたりして湿気のある木などは燃えにくく、大変苦労する。燃料には、よく乾いた薪《まき》を使う。

薪を作る

① 乾いた木材ならばどのようなものでも燃料になるが、キャンプ場などでは販売されている薪を調達するのが一般的。廃材などを使用するときには釘などがないか十分に注意し、薪割りをする。
② 鉈《ナタ》や手斧を持つ手は素手（ふつうは利き腕）。薪を持つ方は軍手か皮の手袋をはめる。
③ 薪割りをするときには、大きめの木を台にして割る（台を使うと刃物の刃こぼれも防げる）。
④ 薪に鉈を振り下ろす割り方ではなく、一度薪に鉈を当ててから薪と鉈とを一緒に落とす。
⑤ 中くらいに割った薪にささくれをつけておくと火つきがよくなるのでおすすめ。
⑥ 慣れていないリーダーが子どもに教えると、危険度は数倍高くなるので、リーダーの練習は必須。
⑦ 薪割りの作業を子どもにさせるときには、絶対に目を離さないこと。
⑧ 手を添えて一緒に作業し、薪割りのコツを伝える。

留意点

① 刃のあるものは鉈に限らず、ナイフでも包丁でも私たちの生活には必要不可欠で便利なもの。しかし使い方を間違えばとても危険なものになる。例えば鉈を使う場合、この作業にはどの鉈を使えばよいかを判断できるリーダー像をめざす。使い慣れていないと、恐る恐るの作業となり、危険度が増してゆく。

② 刃物は、使用しないときには必ずさやに入れるかカバーをかけておく。この作業を怠らないことも賢いリーダーの資質。

かまどに薪を組む（火を育てる）

① 大き目の薪を左右におき、その上に中くらいの薪を置く。このときに薪と薪の間を少し開け、その上に細い薪をおく。この状態でほぼ完ぺきに火は着火するので、新聞紙を丸めたものを下に入れて点火する。

② 火がついたら、燃料の薪を適宜に追加する。空気が回り込んで行くような隙間をつくること、薪を入れ過ぎるとかえって燃えにくくなる（火が燃えているときにはあまりいじらない）。

③ 湿った薪は、かまどのそばに立てかけて乾かす。

④ かまどは、地面に直接作るかまどから、鍋をおく部分と火を燃す部分にスノコがあるものまで、さまざま。空気の流通を考えると、火を燃す部分にスノコがあるものがお勧め。

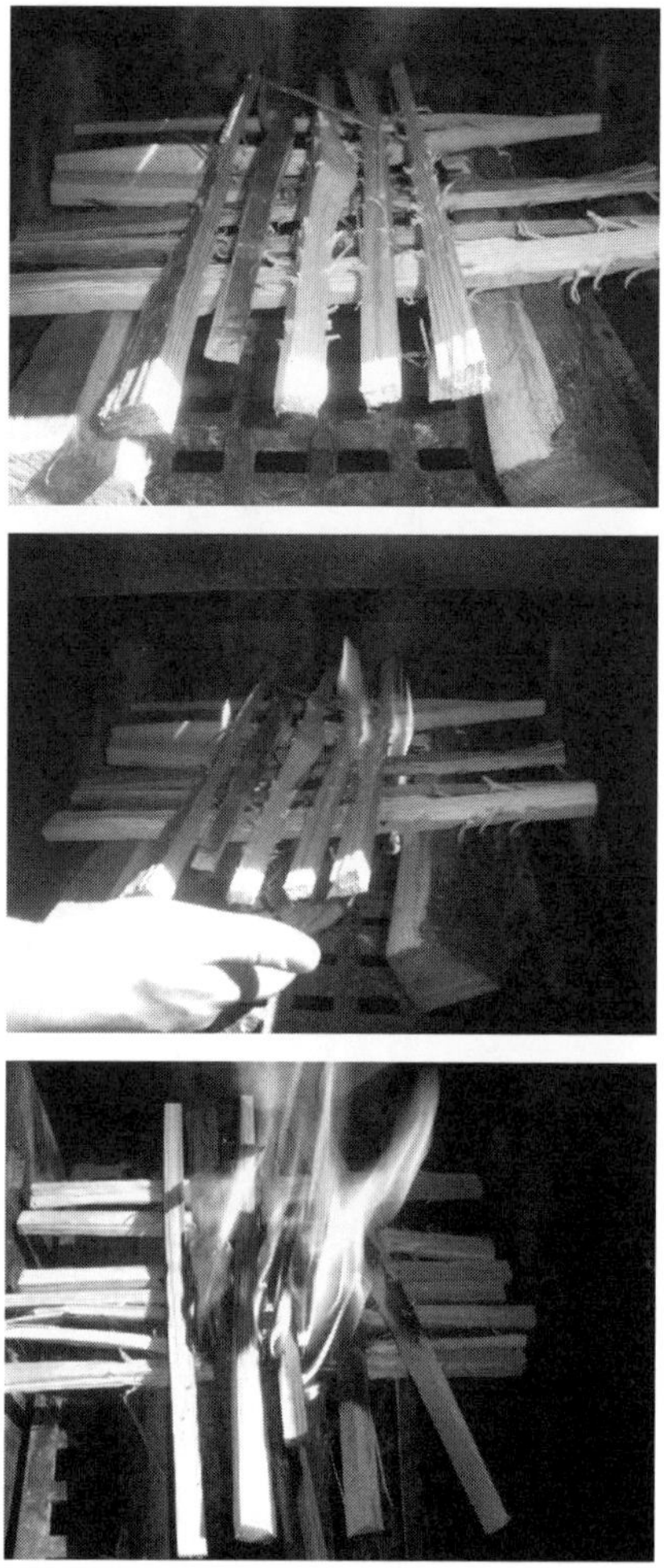

▲火おこし体験

野外炊飯のときに考えられる危険と回避について

① 鉈の危険性については前記を参考に。

② 火傷は、生の火やおきびに直接触れる、火が被服にうつる、軍手が解ける、火遊びによるもの、鍋やすのこに直接触れるなどさまざまで、事前に火の危険についてきちんと説明をすることが必要。リーダーの熟練と気配りが一番大切。

③ 火のそばでふざけない。火にいたずらをしない。整理整頓を徹底する。軍手は綿のものを使う。生火に近づきすぎない。

野外炊飯の応用として「缶々ごはん」は旨い！

準　備

① 下の缶が釜戸、間に金網、上の缶をお釜にする（次頁写真を参照）。
② お米の分量に合わせて水を入れる。
③ 約30分水に浸けておく。水に浸けおく時間がないときには、水を少し多めに入れる。
④ 1合のご飯は割り箸約50本で炊くことができる。

炊き方

① はじめは、アルミホイルのフタをして強い火にかける。火がまだらに燃えないように管理する（燃料の割り箸はわりと早く燃えてしまう）。
② 湯気が出てきたら、湯気が止まらない程度の火力を保って炊き続ける。
③ 湯気が出なくなったら（白い蒸気に変わったら）炊き上がりの目安となる。火を止める（ここまでの目安は約10～15分くらい）。
④ フタを閉じたまま5分ほど蒸らす。
⑤ 火にかけすぎてこげないように注意する。

その他

① 燃料は、小さく切ったものでもよいが、このかまどのときには、割り箸が最適である。ご飯の炊き方は、飯盒などと同じ要領で炊く。

▲空き缶でご飯を炊く

②　お湯を沸かすときには、上のお釜をビールの空き缶などに取り換えて使うとよい（直火で沸かしたお湯で飲むコーヒーは最高である）。

③　缶にふれるときには軍手を着用する。素手では絶対に触らない。

④　かまどをおくところはU字溝をひっくり返したものや、ブロックなどを台にして使う（地面には直接おかない方が安全で使い勝手がよい）。

第6章 参加者や保護者のメッセージ

人間の成長には、幼児・青少年期に自然のなかで思い切り遊ぶことが大切であるとの思いから、「森のようちえん&冒険学校」を新規に立ち上げて活動を始めました。しかし、参加者は思うように集まらず、まさに生みの苦しみのような感じでした。ここでは活動の立ち上げを担当した職員、その活動を支えてくださった保護者の皆さんからのメッセージ。日野社会教育センターの開設当初に参加した子どもたちやその時に一緒に活動してくれたリーダー、そして当時の保護者からのメッセージです。

私の一生の宝物

立ち上げスタッフ　小林清美（62歳）

1994年に幼稚園勤務を経て日野社会教育センターに就職し、幼児事業を中心に勤務しながらも幼児青少年のアウトドア事業に携わったり、カナダやデンマークの森のようちえんの視察にも行きました。

非日常的な空間で遊ぶ子どもたちは、自由な発想と楽しそうな表情で心身ともに解放されていました。幼児事業でも積極的に外に出かけたり、泊りのキャンプを実施していくなかで、外遊びにもっと重点を置いた活動ができないかと検討を続けていました。

２００９年に森のなかで一日たっぷり遊ぶ活動をしようという話が出て、私を含めた４人が立ち上げメンバーとなり〝森のようちえん&森の冒険学校〟が生まれました。立ち上げ後はやる気満々でしたが、現実は厳しく、参加者が集まらないなか、落ち込むこともありました。でも幸いなことに、公益財団法人社会教育協会の黒水恒男理事長をはじめ、白梅学園大学の金子尚弘先生や元小学校教諭の椿坂俊夫先生など応援して下さる素晴らしい方々と毎月学習会を開催していくなかで、少しずつ方向性が確立されその成果が出始めました。

２０１２年以降からはリピーター率も増え、参加者からの口コミで日野市以外の参加者も増え、月ごと１回だった活動は年を追うごとに２回３回と増え、キャンセル待ちで待っていただくほどにまで成長することができました。しかし、運営が軌道に乗っても毎回思うのは、森での遊びの奥深さと緊張感を忘れてはいけないということです。

私はこれまで１５０回近く活動に同行していますが、１回として同じ活動になったことはありません。参加者や季節、フィールドが違えば遊び方や危険個所が違います。〝怪我や事故がおきないように〟〝子どもたちが「楽しかった～!」と帰ってくれるように〟〝また参加してもらえるように〟そんな思いでいっぱいです。

毎回発見や学びがあり、そして毎回反省や課題があります。活動終了後にはスタッフ全員で一人ひとりの子どもの様子を振り返ります。今後の活動に生かすためと、各家庭に子どもの様子を報告する参考にします。家庭に送られた報告書はファイルされ、今度は保護者と子どもからのメッセージが書き込まれます。この作業は私を大きく成長させてくれるものです。

子どもをしっかり見る、事実をきちんと伝える、親の期待することや成長を喜ぶ声を読みとる、子どもが楽しかった遊びを知る。適切で誤解がない言葉選びは大変ですが、毎回子どもの様子が少しでも伝わることを願って書いていています。

「鬼ごっこしよう！」といわれて本気で走ったり、川の水を夢中でかけ合ったり、雨のなかで必死に虫捕りをしたり……。「あ~私、元気でよかった。この年でこんなに無邪気な遊びを子どもたちと楽しめるのだから」と、この事業に関われていることが私の一生の宝物になっています。

宇宙を感じるほどの深い意味が

立ち上げスタッフ　伊藤依理子（48歳）

「森のようちえん」って何だろう？　自然のなかで遊ぶ……だけ？　と最初は思いました。でもそこには宇宙を感じるほどの深い意味がありました。宇宙を感じるなんて、ちょっと大げさに聞こえるかもしれませんが、それほど未知の力を持っているのが「自然のなかで遊ぶ」ことなのです。特に子どもの成長にとって。

ある春の活動のとき、女の子が土のなかに自分の足を埋めて「わあ、暖かい！」と言いました。すごい発見だったと思います。彼女は最初から裸足ではありませんでした。もちろん靴を履いていたのですが、足元の草で遊び出し、そのうち地面に座り……地面に寝てみて……そしてとうとう裸足になって歩き……自分の足を土のなかに埋めてみたのです。この発見は子ども自身が遊びのなかで見つけるからこそ、その子のものになります。大人が知識をもって誘導してしまってはただの知識になってしまいます。

このような発見は遊びのなかに無数に存在しますが、それは子どもたちが考え行動した結果、得られるものでなければ意味がありません。季節によって、日によって違う自然環境は子どもたちの遊びに大きく影響します。子どもたちの年齢や性別、人数などと複雑に絡み合いながら、遊びが生まれ、遊びが発展していきます。私たち大人はそんな遊びが膨らんでいくのを助けてあげる役だと思います。これが結構難しい……。でもちょっとした関わりが上手く絡み合って素晴らしい発見を得た時、子どもたちの目はキラキラと輝き生き生きとした表情を見せてくれます。そんな時はきっと大人も生き生きとした顔をしているのでしょう。

私にとって「森のようちえん」の活動で得た大切な〝モノ〟は、心のよりどころになっています。何か迷ったときには、自分を自然のなかに置いてみると、いまでも新たな発見が得られます。

自分は自分でいいのだと自信を持てた息子

保護者　小竹亜木（43歳）

緋時は5歳のときから日野社会教育センターの森のようちえん・冒険学校（以下森のようちえん）に通いました。

周りの子に合わせて動くのが好きではなく、同じころに始めたサッカースクールでも、周りに順応して動けず、慣れるまで時間がかかりました。森のようちえんに入ったころも、ほかの子と一緒にハンモックやブランコなどで遊ぶのではなく、ちょっと離れたところで遊んでいたようでした。

ただ、森のようちえんではそんな彼のペースを見守って、待ってくれていました。そんなところが彼に合っていたのか、普段は写真に写るのは嫌いなのですが、森のようちえんではいつもキラキラした笑顔で写っていてびっくりしたものでした。

最上級生になると、同年代や小さい子の先頭に立って帰ってくるような姿も見られ、森のようちえんの活動を通しての成長を実感することができました。いまでも大変感謝しております。

現在でも大勢の仲間と活発にスポーツをするような姿はあまり見られず、写真にもあまり写っておりません。しかし、自分でやると決めたことは自分で頑張れる子にはなってくれたと思います。きっと森のようちえんの活動を通して自分は自分でいいのでしょう。

保護者　小竹亜希子（43歳）

森のようちえんとは

○子どもにとって森のようちえんは
自分の「いまやりたいこと」ができるところ
木に好きなだけ登れるところ

雨でも濡れながら遊べるところ
冒険できるところ
数日後にふっと思い出して話したくなるところ
地面や木のうしろに驚きの発見があるところ
○親にとって森のようちえんは
帰ってきたときの子どもの顔が楽しみなところ
子どもを認めてもらえて、親も認めてもらえた気になるところ

森の冒険学校は「ダメダメ言われないんだよ」

保護者　大樹《ひろき》君のお母さん

昨日、森の冒険学校に参加した大樹の母です。今回、冒険学校スタッフの皆さんにお礼を伝えたく、メールをさせていただきました。

実は、今回冒険学校に参加した大樹は2年生になってから授業中、座っていることができなくなり、夏休み前に学校に来られているスクールカウンセラーの方と私が何度も話をし、明日テストを受けに行くことになっています（テストは、落ち着きのない子が受ける苦手部分、得意部分を見つけるテスト）。

大樹は、もともといろんなことに興味があり、よく質問をしてくる子です。落ち着きはありませんが、男

の子はそんな感じだろうと育ててきました。でも、学校のなかでは、大樹のような子は少し違うとみられてしまうようですね。

わたし自身ここ1年間帰宅が夕方6時になるパートをしていたため、大樹と接する時間に余裕がなくなり怒ってばかりの1年でした。

これはよくないと思い夏休み前に仕事を変えたばかりの時期に、大樹本人から「ママ、僕、授業中に教室のなかを歩きまわっているんだよ」と聞かされ、本当に驚いてしまいました。聞かされたときは「そうなの？　よく話してくれたね。先生は、いいよって言ってくれてるの？」と尋ねると「うん」と答えてくれました。

その後、担任の先生にも連絡して何度も話をし、カウンセラーの先生と3人で話したりもしました。大樹自身は、スクールカウンセラーが自分を見に来たことに対しては、敏感に反応し「僕は特別なんだ。（悪い意味で）みんなと違うんだ」と受け取っているようです。

昨日、ヨンタさん（著者）の話のなかで「早くしなさいは禁句ですよ」と言われ、耳が痛くなり心も痛くなりました。パートを初めて1年間、大樹に毎日のようにそう言っていました。

1年間、大樹は家でも言われ、学校でも言われ、怒られる毎日で心が休まる場所がなかったんだろうと、本当にかわいそうなことをしてしまったと、ヨンタさんの話を聞きながら反省しました。いま思えば、もしかしたら大樹が私に「授業中散歩をしている」と話してくれたのは、大樹からのサインだったのかもと思ったりもします。ジッと座れなくなってしまったのも、私との接し方の影響が大きいのではないかと思ったりしています。

昨日、大樹が、川遊びからセンターにもどってきたときの顔は、本当に最高の顔をしていました。あんなにいい顔は、見たことがありません。

父親に、森のようちえん・冒険学校のことを聞かれると「ダメダメって言われないんだよ。じっとしていなくていい学校なんだよ。本当なんだよ」と真剣な顔で、いままで見たことのない自信にあふれた顔で話していました。

子どもの豊かな感性が大人の想像を超えて広がっていく森遊び

保護者　吉間美代子（49歳）

わが家は私と夫、息子、娘の4人家族です。共働きで日々の生活に追われ、心の余裕がない生活で、普段は子どもとゆっくり遊ぶことができません。また、家の周囲に遊べるお友達がいなくて、子どもだけで外遊びをするような環境ではありませんでした。

そこで、休日は公園などに連れ出して遊ばせていましたが、汚れることや、危険なことは避け、よその子とトラブルにならないよう神経を使っていました。いま思えば、知らず知らずのうちに大人の価値観を植えつけてしまい、それで子どもらしさが失われていたのかもしれません。

さて、息子は引込み思案の上、手や洋服に泥がついただけで嫌がったり、生き物全般、特に虫を見ると逃げ出すような子どもでした。でも、生き物が嫌いなのかというとそういう訳ではありません。テレビや図鑑で一度見た生き物の名前や特徴などは驚くほど詳しく覚えており、実は生き物が大好きだったのです。

ではなぜ本物を見たい、捕まえたい、触りたい、飼いたいなどという気持ちにならないのだろうか、と私は違和感を覚えていました。

私たちが住んでいるところは東京の郊外で、まだ自然はたくさん残っています。幼稚園も自然環境豊かなところを選んで入園させました。生き物が好きなら、親の手助けがなくても、本物を見て、触れて、感じる経験は十分できるはずだと思いましたが、あまり変わりませんでした。

そんなとき、偶然、幼稚園で中能先生の話を伺う機会がありました。〝自然のなかに身をおくことで、人間の持っている五感をフルに活用することができ、第六感、感性や直観力を育む〟といったお話だったように記憶しています。

当時の私は、子育てに行き詰まりを感じていたときでしたので、中能先生の熱のこもったお話を伺い、探していたのはこの先生だ!と、早速、活動に参加させていただくことにしました。

日野社会教育センターの森のようちえん・森の冒険学校は、自然のなかで危険なこと以外は、何をしてもよく、大人（リーダー）がいるけれど干渉されない環境で活動するうちに、息子は少しずつ変わっていきました。

息子が森のようちえんに通い始めて間もないころ、〝ヨンタがロープと木の枝を木にかけてブランコを作ってくれたこと、藪こぎをして道なき道を歩いたこと〟など、目を輝かせて話してくれたことが印象に残っています。また、だんだんと服の汚れも気にならなくなり、少しぐらいの傷やアザも何とも思わなくなっていきました。

あるとき、ズボンの膝とお尻がビリビリに破れて帰ってきたので驚きましたが、丘の斜面を飽きもせず何回も滑り降りていたということでした。服の消耗が早いのには正直困りましたが、思いっきり遊んでいるのがわかりホッとすると同時に嬉しかったのを覚えています。

最初はおっかなびっくりだったようですが、虫も摑《つか》めるようになりました。一番最初に触ったのはセミのぬけがらです。以前はそれさえも触れなかった息子の大きな変化でした。そのうち、いままでが嘘のように、生きた虫にも平気で触れるようになっていきました。

また、子どもたちは毎回、活動の帰りに宝物をお土産に持ってきます。木の枝や石ころなど、大人が見れば何の変哲もない物ですが、大事そうに抱えて帰りの車に乗り込み、満足そうな顔ですぐ寝てしまいます。

私が活動を通して気がついたことは、自然という一番の遊びと学びの場を提供すれば、そこに大人の想像を超えて感性豊かな子どもの世界が広がっていくということでした。大人が与えすぎず、子ども自身が発見し体験したことが、心とからだの成長に大切なことなのだと、あらためて感じました。

子どもはもちろんですが、実は親の私も活動を楽しみにしていました。短い時間でも子どもと離れることで、私の気持ちがリセットできたのがとてもありがたかったのです。また、お迎えに行ったときに、リーダーのお話や一緒に参加したお友達の親御さんなどに会って話すことで、子育ての悩みも解消していきました。

さらに、後日、活動中の子どもの写真や様子がわかるコメントを記入したファイルが送られてきます。そこには、親の知らない子どもたちの世界が生き生きと綴られていて、いまでも懐かしい思い出として大切に保管してあります。卒業のとき、先生方が見送って下さったことも心に残っています。活動を通して、皆がひとつのファミリーになったようなあたたかい気持ちになりました。

子どもの成長はあっという間です。「森のようちえんコッコロ」から参加させて頂き、「森の冒険学校ほびっと」の活動を卒業して、現在、息子は中学3年生。娘は小学校6年生となりました。息子は中学校で生物部に入って活動しています。生き物の採集で野外に行くことが多く、幼いころ生き物に触れなかったことが嘘のようです。

一緒に参加していた娘は、都会的な場所より自然のある場所が好きで、ときどき森の冒険学校のことを思い出しているようです。ディズニーランドに連れて行ったときは人ごみが嫌だったようで、自然のなかの方が楽しいと言っておりました。

子どもが小さいうちは、育児や仕事の大変さばかりに目が行き、成長を見守っていける喜びを忘れてしまいがちですが、私は、子育てとは自分たちの子ども時代を思い起こさせる貴重な機会であるように思えます。子どもと一緒にもう一度体験できることは幸せなことで、大人になってから気がつくことや学べることがたくさんありました。もし、子どものころ、自然に触れて育っていないという方は、一緒に体験し楽しさを分かち合うのもよいと思います。

子どものころの経験は、その後の人生の豊かさをもたらし、子どもの自立に大切なことだと感じています。

時間を余すことなく森を遊び尽くしている

保護者　松澤健一（46歳）

そもそものきっかけは、保育園の友達からのお誘いでした。私自身も小学生のころ、地元銀行主催の泊りがけキャンプの経験があり、よい機会と思い参加することにしました。

私の経験と違って、単発ではなく一年間のプログラムで継続的に参加できたことは、大変よかったと思います。川でずぶ濡れになったり、落ち葉に埋もれたり、雪の上で転げまわったり。臆することなく虫を捕まえてみたり、年代の異なるメンバーで鬼ごっこをしてみたり。とにかく、時間を余すことなく森を遊び尽くしている感じでした。

毎回、家では見られないような、とても生き生きとした表情の写真と、その日のエピソードが入った活動の記録も楽しみのひとつとなりました。また、身近な所に、こんなにも自然と触れ合える場所がある日野は、あらためてよいところだな、と実感しました。

自然のなかで遊びながら、楽しみながら「自分でなんでもやってみる」ということがしっかりと身についたように感じます。自分でやりたいことを見つけていく、作っていくということは、とても大事な能力だと思っています。

加えて、家族とも保育園とも異なる社会に入っていって活動を続けてきたことが、誰とでも分け隔てなく関わることができる子になっている要因だと思います。

いまでは、この「森のようちえん」をベースにひとつ上のクラスの「ぽけっと」での活動に繋がっていて、すっかりその社会の一員として楽しく活動を続けています。この現在進行形の経験は、子どもたちのこれからの人生にきっと大きな糧となって役立っていくことと思っています。

慎重さの殻を破ってくれたワクワク体験

保護者　三春麻貴子（47歳）

私の息子はそれはそれは慎重な子どもで、公園や児童館に遊びに行っても私の手をギュッと握ったまま、周りの子どもたちの様子を見ているだけでした。そして、私も一緒になって手をつなぎながら滑り台やらブランコなどで遊んでいました。また、夜も寝つくまで手を離してくれず、私にとってはつらい日々でした。

そこで、息子が幼稚園年中のとき、「森のようちえん」のちらしを見かけ、同じ幼稚園のお友達を誘って出席してみました。どうして参加してみようと思ったかと言いますと、自分自身が幼いときに自然のなかで思いっきり遊んだり、キャンプやスキーに行ったことがいまでも本当に楽しい思い出として残っていたからです。またそのときに楽しいだけではなく、自分でどうにかしないといけない場面にも多々遭遇し、それを乗り越えようとした緊張感や乗り越えたときの自信というものもよい思い出として残っています。

それで、息子にもそのような経験を味わわせてやりたい、私がいなくても自分で楽しめるようにしてやりたい、そして慎重すぎる彼の何かが変わったら、と思ったことが理由でした。

中能さんをはじめ「森のようちえん」のスタッフの方々は、息子の特徴をよくわかってくださり、そのたびに励ましてくださいました。何があっても動揺されずに笑顔でどっしりと話を聞いてくださる方々にはこれ以上ない安心感を感じ、私は「森のようちえん」の存在がなかったら、どのように子育てをしていたのかがわからなかったと思うくらいです。

どうやら私のいない世界では、息子は私の知らない一面を見せているようでした。私には小さなことに文句をつけて泣いたり怒ったりしているのですが、「森のようちえん」ではいつも笑顔で過ごせていたそうです。活動後の数々の写真を拝見するたび、家では見せない表情に驚きとうれしさが溢れました。

高いところから勇気を出して飛び降りる場面の写真は、あの慎重な息子かしら？　と思うほどです。

また、痛みに敏感な息子は、ちょっとぶつけたりするだけでも大騒ぎ。おおげさに絆創膏を貼ってやってようやく落ち着くような子でした。ところが、あるとき「森のようちえん」で山の斜面を滑って遊んでいたときに足に大きな擦り傷を作って帰ってきました。スタッフの方から報告を受けていたので私は黙っていたのですが、息子は家に帰っても何も言わず、一緒にお風呂に入るときも絶対に傷がしみたであろうはずなのに、何も言わずにいた息子に初めてたくましさを感じました。彼は怪我をものともしない自信を得たように感じました。このように、私がいたらできなかったであろう経験をたくさんさせていただきました。

ある時江の島の地引網を引く活動に参加してきました。網にかかった魚は大きなエイなどいろいろな魚が入っていました。家にいるときには虫にもさわれない子どもで、生きた魚を生まれて初めて目のあたりにして逃げるかなと思っていましたら、自分から手を出して一番先にさわりに行きました。それだけではなく、飛び跳ねる魚をつかまえ、自慢げに見せに来ました。

周りの子どもさんたちは怖がっている様子もあったのですが、息子は森のようちえんで自信をつけたのか、真っ先にさわりに行きました。そのあとも、ウミヘビみたいなニョロニョロしたすごく長いのがいたそうですが、それにも自分からさわりに行ったそうです。ちょっと想像できないと思いました。その後、自ら砂浜を掘り、裸で砂のなかに寝転がったりと、海の自然をからだいっぱいで感じていました。砂場の砂さえ嫌がっていた昔からは信じられない姿です。

時間はかかりましたが、ようやく〝いままでとは違うな〟ということが感じられるようになってきました。これからどのように変わっていくかいまから楽しみです。

現在中学二年生になった息子は、部活一色の毎日です。学校でも大変だといわれている部活の中の一つの水球部に入部し、真っ黒に日焼けして帰ってきます。

大変そうだとわかっていて、それでもそこに興味を持ち飛び込んでいき挑戦している彼の姿は「森のようちえん」で勇気を出して飛び込もうとしている写真の彼の姿と重なります。勇気を出してやってみたらできた、そして楽しかった、という自然体験をさせていただいたおかげかと思います。

思い返せば、あれだけ私から離れようとしなかった彼が、いまは私が関わることを嫌がり、しっかり自分自身で楽しもうとしています。私が「森のようちえん」になぜ子どもを通わせたか、その結果がいまちゃんと出ているなあ、と気づきました。

森のようちえんの経験が奥底にあっていまの自分がある

保護者　福嶋涼子（50歳）

息子が〝森のようちえん〟に入ったのは5歳のときです。はじめの頃は、姉と同じ上級コースに行きたくてもそうは言えず、ただわぁわぁ泣くだけのこともありました。〝こんなんで大丈夫だろうか〟と心配になりましたが、姉が「卒業」した後も毎回〝森のようちえん〟に行きたがり、途中からは出発時に親を振り返ることもなくさっさと行ってしまうようになり、こちらは心配どころか拍子抜けするほどでした。通っているうちに気持ちがたくましくなったと思います。

からだは汗びっしょり、手は爪の中まで真っ黒で帰ってくるのはもちろん、あるときは髪も鼻の穴も靴の中も砂だらけになり、またあるときは滑って遊んだのか、ズボンのお尻の部分が見事に裂けていて大笑いでした（毎回の洗濯は大変でしたが）。大人なら出かけるのがおっくうになる雨の日も、だぶだぶのレインコートを着て嬉々として水たまりと泥で遊び、交通網がストップしたほどの大雪の日も、手袋やスノーブーツがびちょびちょになったほど雪まみれになって基地を作り、とにかくどんな天気もどんな季節も、羨ましいほど全力で楽しんでいました。

何がすごいって、「今日はこの遊びをしましょう」といった大人の指示がなくても、自由に自ら遊びを作っていったことです。道のない雑木林のやぶのなかをよじ登る、見つけた太い木の枝を二人で担いで運び続ける、斜面を色々な方法で滑る、枝を集めて組み立ててみる、砂地で転がる。すべてが遊びで、大人から見れば「それの何が楽しいの？」と不思議に思うようなことも何度もありました。

体調を崩さぬ限り、毎回熱心に森のようちえんに参加していた息子ですが、では普段から自然に親しんでいるかといえばそうではなくて、普段はテレビやゲームに夢中になり、どちらかといえば家の中で遊んでばかりです。それも平日は保育園で夕方まで過ごし、小学校低学年のときは夕方まで学童保育で過ごし、遊ぶ友達も保育園や小学校の同級生ばかりでした。だから余計に森のようちえんが非日常的な世界に見えて楽しかったのかもしれません。また、普段は同じ年の友達とのつき合いばかりですが、森のようちえんでは年齢も住むところもバラバラの子どもたちと遊び、リーダーの大学生やスタッフといった大人相手に本気で対抗意識を燃やしたりするので、それも人間づき合いの幅が広がってよかったなと思います。

こうして保育園や学校以外の世界があり、友達づき合いは教室だけではないという経験が、息子の心の大きな拠り所になっている気がします。

幼なかった当時の本人は、そんなことはもちろん意識していなかったでしょうが、何回でも、天気が悪くても森のようちえんに行きたくなった、その事実こそが物語っています。

息子が森のようちえんを「卒業」してもう数年経ち、いまは今で色々楽しむことや頑張ることがたくさんあります。森のようちえんの経験が自分の奥底にあって、いまの様々な体験を深く支えているのだろうなぁと思っています。

親の心子知らずでOK

保護者　大野祐希（41歳）

親として、自分の子どもには自然の中でのびのび成長してもらいたいと願っています。私自身も幼い頃からいろいろな野外活動に参加して、楽しかった思い出がたくさんあります。

しかし、親子で一緒に遊んでいると「他の人に迷惑になるからやめて～」「服が汚れるからやめて～」「時間がないから終わりにして～」と、何かと理由をつけて制限してしまうことがあります。

しかし、不思議なもので、わが子と同じ行動を他の友達がしていても、同じ感情は生まれません。「子どもらしくていい笑顔だなあ」と、ただただ笑って見ていられます。自分の子どものことも大らかな心で見守りたいのに、それができない葛藤がありました。

日野社会教育センターの森のようちえんには、長女と長男ふたりがお世話になりました。スタッフの方々が毎回活動中の写真をたくさん撮って下さり、記録を丁寧に作成して下さいました。それらを見ると、高い木に登っていたり、水遊びでバケツを頭に被っていたり、たくさんの落ち葉の中に潜っていたり、と最高に楽しい体験を誰からもとがめられることなく自由に過ごしていたことがよく分かりました。

一緒に写真や記録を見ながら、子どもたちに活動中の様子を話してもらっていました。「長い棒を見つけて、杖代わりにずっと持ってたよ」「水遊びの後、アスファルトに大の字になって乾かしたよ」「レインコートを自分でリュックから出して着替えできたよ」等々。

きっと私が一緒にいたら、「危ないから棒を持たないで」「そんなところに寝ないで」「もう雨止んだから脱ぎなよ」と言ってしまっていたことでしょう。しかし、森のようちえんでの子どもたちの行動には「やめて」という感情は生まれませんでした。むしろ、「こんな貴重な体験ができてよかったね」と、笑顔で子どもたちと話すことができました。汚れた服や靴下の手洗いも嫌な気持ちにならず、こんなに汚れるほど遊べてよかったねと思えるほどでした。

私の中のモヤモヤした葛藤の気持ちがすっきりしました。そして、私が野外活動を楽しんでいた子ども時代も、親が一緒ではなかったことを思い出し、見守ってくれる大人に囲まれて制限されずに仲間たちと自由に楽しんだからこそ、今でも楽しかった思い出として心に残っているのだと分かりました。

長女が中学生になった今でも、休みの日に家族で公園に行ったり、キャンプをしたり、ハイキングに出かけています。幼い頃に親と離れて自然体験をしたことで、親子で過ごす時間とは違う形で自然の楽しさを知ることができたのかもしれません。

森のようちえんに参加したことは、子どもにとっても親にとっても最良の方法だったと思います。

私のなかに生まれた哲学

ジュニアクラブOG　石田あや（50歳）

結婚し子どもが生まれて……好きだったけれど封印していた野外活動を再開するチャンスは、突然やってきました。家のなかで娘と1対1の子育てはうまくいかないことばかり。「とにかく外へ出よう！」と思い立ち公園に出かけてみることに。

空を見上げると雲が流れ、風や緑の匂いがして、花が咲き虫や鳥が飛んでいます。落ち葉や木の実を拾ったり、砂を掘ったり、棒で絵を描いてみたり。まだあまり話せない娘とも、いろいろな発見を楽しむことができます。公園で会ったお友達と一緒に遊べるようになったり、遊具を譲り合って順番を覚えたり……。専業主婦の私の日中のゆううつは少し解放され、世界がぐっと広がった気がしました。「やっぱり外はいい！」

それからのわたしは、夏の暑苦しいくらいの山の緑を見れば、大菩薩嶺の稜線近くに立つ山小屋に泊まって早朝みた雲海が思い出され、睡魔に襲われながらわくわく夜通し歩いたナイトハイク、キャンプファイヤーを囲んで歌い踊った真っ暗な夜、星空……「子どもたちにもあの景色を見せたいなあ……体験させたいなあ……」と思い始めていました。

日野社会教育センターのリーダーのころから10年の歳月を経て、再びセンターへ通い始めた私は、小学生になった子どもたちを通してまた野外活動の醍醐味と、仲間とだからこそ叶う達成感を味わうのでした。「仲間とならもっと違う景色を見ることができる！　みんなでやるって楽しい！」私は、子どもたちにその喜びも知って欲しかったのです。

私の言動や行動はおそらく私の核の部分＝私の哲学に基づいていて、その哲学が人生に迷ったときの自分なりの道標になるのです。それは、小学生のあのころ見たものや体験したことだったり、リーダーとしてその活動に関わるようになってから学んだことだったり、付かず離れず兄弟のようにつきあってきた仲間と朝まで歌ったり語ったりした体験が、実はその根底にあるのです。

親となって子育てに奮闘する毎日、その哲学は私を支え強くしてくれました。それは、社会復帰した営業の仕事での、人との関係づくり、提案へのアイデア・企画づくり、イベントの運営などにも。チームで挑戦してやり遂げること、それを楽しむこと！　ここでもやっぱり、体に染みついた私の哲学に助けられました。

いまでも家族で一緒にスキーに行ったり、ドライブしながらマイナスイオンやグリーンシャワーを浴びに行くことができるのも、自然が与えてくれる心地よい感覚を同じように共有しているからでしょう。なぜかわが家が息子の友達の溜まり場になってしまうのも、チームプレーの部活を選ぶのも、仲間と見られる景色を知っているからでしょう。子どもと関わる仕事を選び、どんな子もそのまま受け入れてあげられる包容力を持てるのは、娘がそうしてもらえた安心感を知っているからでしょう。

▽ジュニアクラブ＝日野社会教育センターが主催した中学生の仲間づくりの活動。

仲間と繋がり、知恵を出して突破する快感なり

ジュニアクラブOB　久保大祐（50歳）

私は、３歳から日野社会教育センターの体操教室に通っていて、同じ幼稚園の友人のお母さんの紹介で、小学３年のときに子どもクラブに入会しました。そこには、学校の先生とはまったく雰囲気の違う中能先生がいらっしゃり、このときのニックネームは〝キングコング〟でした。先生は遥か雲の上に暮している様な別世界の雰囲気を漂わせていて、子どもたちを集めては、キングコングの唄を歌い一緒に踊る遊びの世界を教えてくれました。

それから約40年が経ちましたが、先生とその仲間たちは、年に数回集い、あのとき、あの山の上で遊び、語り合ったことなどが基本になって、いつでも豊かに自分らしく生き、あたたかい関係を大事にしながらお互いを支え合っています。

80歳になる母は、言います。「いまでも繋がり、語りあえる仲間ができて、本当によかったわ。先生達や仲間に感謝しないさい」と。

さて、キングコングとその仲間は、野外を中心にいろいろな遊びを作り出しました。リーダーや子どもたちは、森のなかを走り回る鬼ごっこ、急斜面での草滑り、昆虫や野鳥観察など、いろいろなアイデアを計画

して野外へと出掛けました。登山は、刻々と変化する絶景に仲間とともに感動し、ひらひらと舞う落ち葉でさえも、何かの生き物ではないだろうかとワクワクさせてくれて楽しいものでした。

また、もっと野外活動を楽しくするため、仲間で「昼食はおにぎり1個、ただし大きさは自分で決めてよい」というルールを設定し、四方八方から好きな具材を入れ、私は顔と同じ大きさまでになったおにぎりを1個作りました。母の口癖は、「大きなおにぎりを1個持って出かけたわね」です。そんな仲間と会っていろいろな遊びをすることが毎週楽しみでした。

この活動は、キングコングに憧れ仲間を大事にする子どもたち、魅力的で個性的なリーダー、その活動を信頼し支援する保護者たちのコミュニケーションがとても充実し、家や学校でもない第三の居場所が日野社会教育センターに誕生しました。まさに〝日野の奇跡〟だと思います。当時は、黒電話しかない不便な時代でしたが、恨みっこ無しの本音で話し合えるコミュニケーションがあり、この活動から、子どもたちの主体性が生まれ、自分らしく成長できたと思います。

当初、自然のなかで遊ぶのに必要なものは、すべてリーダーが準備していましたが、やがてリーダーから細かく指導を受けるより、自分たちでも工夫して作っていく喜びを見つけ出した子どもたちは、仲間と知恵を出し合い、自分たちでも準備していくようになりました。そして、もっと楽しくするためにどうしたらよいだろうかと考え、自己責任において取り組むチャレンジ精神はますます進化して行き、自主的に行動するようになりました。

遊びは、厳しい自己主張や競争の場ではないので、自己表現し仲間に貢献することで、仲間のために私がいる感覚が生まれ、自分の価値を実感するようになりました。

現代社会は、効率化や便利さを追求する情報技術や人工知能が進化し、人間に大きな変化が求められる時代です。いかに心豊かにし自分らしく生ていくには、何があっても対応できる心、他人のせいにせずに仲間と知恵を出して、壁を突破しようとするやさしい心が大切だと思います。自然のなかで遊ぶことで、誰の説明や解説がなくても、気づくことができます。

やはり自然のなかでいろいろ遊ぶことは、楽しい。

いま、宝のような時間を手に入れることができた

ジュニアクラブOB　佐藤文彦（51歳）

日野社会教育センター（以下センター）では、たくさんの野外活動をさせてもらいました。でもいま思うと、野外活動に関しては、それほど得意でなかったと思います。水や電気もないところでは、重い水を汲んでくるところから一日が始まり、ランプが切れたら諦めて寝ますが、なかなか寝つけずリーダーを困らせたこともありました。

野外活動につきものの工作も、大抵はほかの友達のようにはうまくいかず、リーダーに助けてもらっては遅れて完成しました。海の活動では波に流され溺れそうになったり、山に行けば沢で迷子になって助けてもらったりと、野外活動で出会ったほとんどのリーダーに迷惑をかけながら育てられてきました。それは、一歳上の兄が私と一緒に行くのが嫌だった、という話をいつも笑いながらするので、間違いありません。

「不便が子どもを育てる」「苦労のなかでこそ我慢と工夫をする」と言われますが、最初のころは活動初日の朝、初めて会う友達との距離感もよくわからなかったし、この活動に参加するのも実は少し苦手な印象を持っていました。

しかし両親は、季節が来ると当たり前のように末っ子の私を参加させました。学校の友達が毎月決まった小遣いをもらっているのを横目に、「なぜうちにはないの？」と疑問に感じていた子どものころでしたが、自分が親になったとき、自然学園やキャンプの方が決まった小遣いよりも遥かに高額であることを実感させられました。いま思えば父は毎年、兄弟四人分の膨大な参加費のことをついに死ぬまで一度も言いませんでしたが、いまさらながら「すごい教育方針だったな」と感じています。

自分が通った大学に勤めていた父が、１４０円の蕎麦かカレーで済ませているのを知ったのは20歳のころでしたが、「こうやって節約した結果があの貴重な経験につながったのか」と、当時、食堂の隅で質素なお昼を食べる父の姿と昔の光景がつながったとき、心が震えました。

現在、仕事では長く人事や総務の分野に携わっていますが、世のなかの企業はどこも「働き方」をめぐって手探りの状態です。しかし私には、親が行かせてくれたセンターの実体験から学んだ「人にとっての本当の意味の幸せ」や「つながり」という軸を入れるだけで、ずっとぶれない、いつまでも瑞々しい目指すべき到達点が浮かんできます。

それは、盆暮れ正月みんなで集まったとき〝良心に沿った胸を張れる仕事をしていると言えるか〟という問いのような気がします。50歳を超えてもそう思えるこの仲間、その出発点はいつまで経ってもあのころの夏の原風景です。そんな、貴重なお金の使い道をまちがえなかった両親には感謝しかありません。その両親はいまも天国からセンター、先生に感謝しているに違いないと思います。

小さなとき野外で遊んだ経験がいまの生き方の軸になっている

ジュニアクラブOG　伊藤久美子（48歳）

私が日野社会教育センターと出会ったのは小学4年の夏の「八ヶ岳自然学園」でした。40年以上経ったいまでも飯盛山でかじったキュウリとそのときの景色、大門川で遊んだ記憶、何より言葉では形容しがたいそのときの気持ちを思い出すことができます。

小さいころから木に登り、川で遊んでいた悪ガキだった私には、この自由で大胆なセンターの活動はうってつけでした。その後、野外活動クラブへ入会し、ジュニアクラブ、シニアクラブとセンターが日々の生活の半分を占めるほどのめり込んでいました。

その理由は、①大きな自然のなかでダイナミックな活動ができたこと、②自分達で考え実行してみる（少々無謀な計画でも）ことができたこと、③年齢、性別に関係なく家族のように仲間たちとつき合える場であったのではないか、といまあらためて振り返ってみてそのように思います。

あのころの親の歳を超えたいま、ただただ楽しかった当時を振り返ってみると、一緒に騒ぎ楽しんでいるだけのように見えていた中能先生や当時のリーダー達は、子どもたちに自然の豊かさや怖さなどを体験させたいという思いを基に、相当な覚悟を持って臨んでくださった自由な活動だったのだと感じています。

野外での活動では、少々ヒヤリハットのあるような計画も見守りながらやらせてもらったおかげで、失敗を経験し「加減」を知ることができました。自然を相手にした活動は、往々にして計画どおりには行かずそのような体験から「今後どうするべきか」を考える力や知恵も学んだ気がします。

海辺のキャンプでは、夕飯の食材を得るために必死で海に潜り奮闘し、浜へ戻るとテントが飛ばされてなくなっていたり、里山の活動では、追いかけっこの遊びに夢中になりすぎて、川のなかまで逃げ込み全身ずぶ濡れとなりそのまま電車に乗って帰ったり、いま思い出しても笑える体験の数々は、自分の子育てにも少なからず役に立ってきたと思います。

過去の経験があるから自分の子どもにも〝まず自分で思ったようにやらせてみること〟、〝大人も一緒に少々羽目を外してみること〟と、大らかな子育てができてきた様に思えます。

いまの時代、野外でのダイナミックな活動は周囲の理解なくしては成り立たなくなりつつあると思いますが、何よりも、野外で遊ぶ活動の素晴らしさが少しでも多くの人に理解され、今後も発展していくことを心から願っています。

日常生活では得られない「勘」や「工夫する想像力」

ジュニアクラブOB　大矢聡　（52歳）

ある日、「このたびは大変申し訳ございませんでした……。点呼の確認不足から、大切な娘さんを電車の中に置き去りにしてしまい、お詫びにまいりました」と、当時、日野社会教育センター（以下センター）の館長であった中能先生がわが家にお詫びに来られたときのことです。

この出来事は、わが家の末娘が小学生のとき、センターの野外活動に参加した帰りに電車で居眠りをし、降車駅を乗り過ごし、気づいたときには一緒だった仲間がいなくてびっくり。とにかく次の駅で降り、近くの駅の売店のお姉さんに携帯を借りて、自宅に電話して来たのです。結果的にはひと駅戻り、皆と合流できたとのことで、ことなきを得ました。

私も、娘が泣きべそかきながら売店のお姉さんに必死で事情を話して携帯電話を貸してもらい、とりあえずはぐれたことをお母さんに報告し、しかも電車賃までに気が廻るというほど「子どもの成長」を感じられたのが嬉しかったです。

私は小学生低学年のころからセンターにお世話になっていて、私の母は晩年、「センターは本当に人使いが荒くて。バザーだ、祭りだとイベントがあるごとに駆り出されて、大変だったわよ」と何か自分の青春を思い出すように、頬を赤らめながら、嬉しそうに語っていました。

やがて、私も家庭を持ち、長男、次男、そして先ほど登場した長女をセンターの野外活動に参加させました。なぜか？　私が経験し、ただ楽しかったことがセンターで体験でき、そこで一緒に活動した仲間が一生の宝になっているからです。

私の初めてのセンターの野外活動は伊豆大島（東京都大島町）だったと思います。夜は母が恋しくて泣きじゃくり、リーダーや先生の部屋で寝たことを覚えています。それは、まだまだ小さくて外泊も慣れていないころでした。そして最終日、海が恋しく、高い波がくる砂浜で遊んでいたとき、「しようがないな。着替えのある人は少し海に入ってもいいよ！」との先生の声に、何も考えずに海に飛び込み、ただ楽しくて、気持ちがよかったことだけ覚えています。当然、着替えなどはなかったので、帰りはフェリーも電車もパジャマ姿で帰ってきました。帰ってきて母に「なんでパジャマなの？」と笑いながら聞かれましたが、この旅がどれだけ楽しかったのかをさんざん喋ったことを覚えています。母はそれを嬉しそうに、何度も「うん、うん」とうなずきながら聞いてくれました。

また、私が小学校高学年のころだったと思います。山での活動が終わり、帰り道の途中で山の斜面に雑草が一面の場所に来ると、ここで滑ってみたくなり、持っていたレジャーシートに乗り込み、また滑り降りしていました。滑り降りた先がどうなっているかなんて気にもしなかったのですが、そこは森のように木が生えていたことだけは覚えています。そしてこれまでの経験と「勘」で森までは届かないと悟っていたように思います。楽しくて楽しくて、何度も何度も滑るうちに、レジャーシートも破れ、そのうちにはズボンのまま滑降していました。母は私の半ズボンと白かったパンツが真緑になっているのを見ながら嬉しそうに大いに笑い、その日の思い出を聞き入ってくれたことを昨日のように覚えています。

さて、私の長男が小学校高学年で雪遊びに行ってきたその帰り、駅まで迎えに行ったのですが、一人だけ薄着のTシャツで帰ってきました。「お迎えのときに着替えをお持ちください」といわれていたので上着を着させようとしても「大丈夫だ！」と言ってきかないし、唇は真っ青で髪の毛も湿っぽい。自宅に帰り一緒にお風呂に入ると、その日のことをたくさん語ってくれました。

雪のなかで「バーンと飛び込んだ！」「どーんと転んだ！」「ガーンとぶつかった！」と擬音ばかりの言葉でしたが嬉しそうに話してくれたのを思い出します。湯舟での、長男の興奮した顔をいまでも忘れません。

そのとき妻は、リュックから出てきたずぶ濡れのスキーウエアのツナギを笑いながら取り出し、風呂での父と息子の話に聴き耳をたてながら、洗濯していました。

センターは、私と子どもたちに同じ経験をさせてくれ、同じ楽しみを味わわせてくれ、日常生活では得られない「勘」や「工夫する想像力」を身につけさせてくれたのかもしれません。また、私の親と同じように、「子どもの成長」「たくさんの笑顔」を教えてくれたのだと思います。

長男はいま社会人となっていますが、大学生時代も帰省すると、ちょくちょくセンターには顔を出していたらしく、最初の給与でセンターに寄付金をしたとのこと。中能先生より連絡をいただくまで知らなかったのですが、本人に聞くと「いや、何となくいままでお世話になったので、恩返しのつもりで……」と言っていました。またひとつ「子どもの成長」に気づかされました。

インドア派の私が母のすすめで野外活動に!

子どもクラブOG　三原美紀（47歳）

小学生時代の私は、外で体を動かすよりも家のなかで本を読むほうが好きな子どもでした。野外活動にも興味がなかったのですが、母のすすめもあり、軽い気持ちで日野社会教育センターの子どもクラブなどでの野外活動に参加するようになりました。はじめのうちは、学校とは違う友達や学生リーダーの方達と遊ぶのが楽しいからという理由で通っていましたが、だんだんと野外活動の楽しさに気づき始めました。

山登りに参加したときには、体力がなかった私は途中から「まだ頂上が見えない、もう疲れた」と弱音を吐いていました。しかし、仲間の励ましのおかげで最後まで登りきることができました。その日、山頂で先生がお湯を沸かして作ってくれた甘いココアを飲んだときには、いつも飲むココアの百倍も美味しく感じました。その感動はいまでも忘れられない思い出となっています。

それから数年経ったころには、登山の道程も楽しめるようになりました。滑りやすい斜面をどう登るか自分で考えて攻略したり、踏み込む一歩一歩が重なって生まれるリズムを全身で感じたりする楽しさです。いまになって考えると、このように楽しみながら登ることで体力やバランス感覚も身についたように思います。

野外活動のなかでもキャンプでの思い出は特別なものです。川原でカレーライスを作る活動のときには参加者で役割を分担しました。私は、飯盒で炊くための米をといだり野菜を切ったりし、食事作りの役に立てていることに喜びを感じました。別のメンバーは、川原の石を器用に積み上げてかまどを作ったり、手際よく火をおこしたりしています。それを見て、素直に「すごいなぁ」と尊敬しました。得意なことを活かして役割を担うこと、苦手なことも得意な人から学べるという経験はいまでも役立っています。

これらの想い出は40年ほど前のことですが、そのときに体験したことへの驚きや喜びとともに私の心のなかにあり、いまでも大切にしています。ですから、野外活動への参加をすすめてくれた母や、活動を支えてくれた先生やリーダーには本当に感謝しています。これからも、これらの体験を忘れずに自然を大切にする気持ちを持ち続けたり、自分の子どもにも自然に触れるきっかけづくりをしてあげたいです。

この春、コロナウィルスの影響で数ヶ月の休校があり、運動不足になった子どもを誘って家の近所を散歩しました。すると、身近なところに自然の地形を生かした公園があるのを発見しました。緑のなかでゆっくりと遊んだり、散歩の途中で花や鳥をみつけて写真を撮ったりと、親子で楽しむことができました。

今後は少し行動範囲を広げて、家族で登山にチャレンジするのも楽しいかなと考えています。また、調べてみると、日野社会教育センターのような活動をしている団体が近隣でもあるようなので、子どもにあった野外教室などを探して参加をすすめてみたいと思います。

仲間と知恵を出し合って乗り越えていく力を育んだ野外遊び

ジュニアクラブOG　峰尾麻紀子（51歳）

山のキャンプに出かけたときの山頂での朝食、一本の長い食パンを好きなだけちぎって食べる！　包丁じゃなくて自分の手で分厚く剝がして、そのブロックにかぶりつく！　大自然のなかで仲間と一緒に食べたそのダイナミックな経験は、そのときの景色とともにいまでもはっきりと目に焼き付いています。

太陽がアルプスに沈むと、キャンプファイヤーを囲んで、みんなでフォークダンスや「くわがた音頭」を踊って大いに楽しみました。中能先生がユーモラスに伝授してくれた「キングコング体操」は、自分が大人になり、幼稚園の先生として15年ほど勤めたとき、今度は自分が前に立って子どもたちと楽しむ側になりました。〝振りつけや動きを教える〟といったような堅苦しいものではなく、まずは〝自分自身がなりきって表情豊かに楽しみながらやって見せる！前に立つ側に迷いや羞恥心が少しでもあると、子どもがノッテくれるはずがない！〟その精神は、リーダーや中能先生から学んだことで、いまの仕事にも活きています。

さて、いまの世のなかは情報や物が溢れ、何でも便利になりましたが、子どもたちの逞しさが育っていないような気もします。私たちが小さいころは、公園にあった回転ジャングルジムや、シーソーや、ブランコで思い切り遊んだものです。もちろん怪我をすることもありましたが、たとえ子どもが怪我をして帰っても親は手当てをしてくれて、「気をつけなさいね」と逆に軽く叱るくらいで、行政に対して、「あの公園は危ないからなんとかしてください」とは決して言いませんでした（もちろん命にかかわるような大きな事故が起きたときは別としても）。最近はすべてのことに敏感になりすぎていて、危ないからと苦情が入るとすぐにそれを禁止したり、取り除いてしまったりする傾向にあるように感じます。

子どもたちの遊びは、少しスリルがあるから楽しいのだと思いますし、そのような遊びをするなかで、運動能力、危険予知能力、危険察知と回避能力、基本的な体力が培われていったのではないでしょうか。

このような複雑な時代を乗り切るためにも、たまには親元を離れての森のようちえん活動、野外活動クラブや自然学校などに参加し、仲間と一緒にさまざまな野外活動を楽しみ、ときにはサバイバルな体験をしていくなかで、不便なこと、困難なことにぶちあたっても、仲間と知恵を出し合って乗り越えていく力を育て、新しい発見やたくさんの感動を味わってほしいと思います。

ネットや教室の授業ではなく、実際に野外に出て体験・経験したことはいまでも自分のなかに刻まれています。子どもたちには豊かな人間性、そして本来持っているはずの野生の力を呼び起こして、たくましく生きてほしいと願っています。

「ぼくたちは、ぼくたちでいいんです」

ジュニアクラブOB・リーダー　千葉関夫（64歳）

教育学部在籍時、子どもを理解するために子どもとかかわりたいと思っていた私は、縁あって、日野社会教育センターの〝子どもクラブ〟のリーダーの一人として参加させていただくようになりました。子どもクラブでの活動から、「遊びの価値」「活動の選択肢」「活動を創る」など、子どもを活かす授業につながる価値を教えていただきました。たとえば、センターから隣町の八王子市の滝山城址公園までの往復約20㎞を歩いて遊びに行く活動でした。現地では鬼ごっこです。それは山の起伏を活用したダイナミックな遊びで、追いつ追われつ、時の経つのも忘れて遊びました。昼食の後は再びセンターまで帰るのですが、何人もの子どもが足を引きずりながら歩いていました。しかし、次の活動にも、全員が参加してきたではありませんか。

また、蝶々のことを学ぶ活動では、蝶に詳しいリーダーと一緒に活動しました。興味をもった子どもたちの目が蝶に釘づけ。蝶の食草、生態などを学び、蝶の名を覚えていく子どもたち。植物の名前さえもどんどん覚えていったのは〝知りたいという意欲〟が高まっていったからでしょう。子どもたちには活動の選択肢を用意することが大切だと感じました。こどもクラブの活動で意欲的だった子どもたちは、徐々に次の子どもクラブの活動を計画し始め、クラブを卒業するころには、ほぼすべての活動の計画を自分たちでつくることができるようになりました。

このようなことを学校でも行いたい、と教職についた私は休み時間を中心に自然とかかわる遊びをたくさん実践しました。授業でも活かせるようになったのが、1992年から始まった「生活科」です。その学年目標の一つに『自然とのかかわりに関心をもち、自然のすばらしさに気付き、自然を大切にしたり、自分たちの遊びや生活を工夫したりする（抜粋）』があります。

私は、勤務していた学校の近くにあった林と野原をおおいに活用しました。茅で家造りをする子どもたち、鬼ごっこをする子どもたち、花や虫探しをする子どもたち。自然を満喫する遊びに夢中になるのでした。

その子どもたちが4・5年生になったとき、6年生と一緒のクラブ活動で、校庭が使えないため一度だけ野原に行ったときのことです。野原での約束を「思い切りからだを動かすこと」「安全に行動できる範囲を指定してそこから出ないこと」としました。すると、4・5年生はすぐに木登り、鬼ごっこ、草摘みをしたり、ロープを見つけた子はブランコを作るなどしたりして自由に遊び始めました。しかし、6年生の子どもたちは私の周りで「先生、何をしたらいいの？」と手持ちぶさたに歩いているばかり。私は6年生と一本の木を囲み、「どう？　登ってみると楽しいよ」と誘いました。遊び始めたら、こんどは時間が足りないのでした。

4・5年生は生活科の校外活動を私が担当し、野原で一緒に活動した体験もあったことで、野原を自由自在、創造的に遊ぶことができました。ところが6年生は生活科の経験がなかったことやこのような野外遊びの体験が少なかったためか、野原に解き放たれても積極的に遊ぶことができなかったのではと思います。

この生活科を体験した子どもたちは、2年生の学校まつりの時、他の全クラスが普通のおみこしを作るなか、学級で大事に育てていたモルモットのおみこしを作ろうというのです。担任の私が「他の全クラスは普通のおまつりの時のおみこしだよ」と説得しても、「ぼくたちは、ぼくたちでいいんです」と主張する子どもたちに育っていました。

遊びから楽しさの共有ができていくキャンプ活動

自然学校ＯＢ・リーダー　小林照明（69歳）

あれから32年、日野社会教育センターの野外活動部門である南九州自然学園の社会人リーダーとしてデビューしたのが１９８９年夏のことでした。当時38歳の私はそれまで理科系の大学で分析化学を学び、医療従事者として臨床検査室で業務に邁進し、およそ社会教育とか生涯学習とか縁のない世界で働いていました。

リーダーになるきっかけは中能孝則さんとの出会いでした。私の長男と中能さんの長女が地域の保育園で同じクラスだったこともあり、父母会の役員を仰せつかった私はほかの役員とともに、今年は保育園最後なので子どもたちに思い出を作ってあげようと、キャンプの計画を考え始めました。すると、クラス担任の先生から社教センターに父母の仲間でキャンプやレクリエーションのプロの方がいるので相談してみたら……と勧められました。恐る恐る中能さんを社教センターを訪ねてみました。それは１９８４年のことでしたが、私にとってはまったくの門外漢、畑違いの分野の人との出会いでした。しかし、この出会いがいまのいままで延々と続いて、それが私にとってさまざまな人との出会いと繋がりに発展しようとは夢にも考えていませんでした。

保育園のファミリーキャンプは、山梨県の八ヶ岳高原にある日野市の施設で、1泊2日の日程で実施しました。このキャンプは準備の段階から中能さんからアドバイスをいただきながら取り組み、やがて当日を迎えました。当日はバスで現地に向かい到着後、早速夕食作りに取り組みました。キャンプといえばカレーライス！担当はお父さんたちと子どもたちで進め、お母さんたちにはカレー作りの場に来ないようにとお願いして、2階の広間でのんびりしてもらいました。

そのうち、無事にカレーも完成しご飯も炊け、皆でワイワイガヤガヤ楽しい夕食が始まりました。そして、夜のメインイベントであるキャンプファイヤーが始まりました。プロの指導者によるキャンプファイヤーは誰しも初めての体験で、大人たちはビックリ、子どもたちは大喜び。気がつけば頭上には満天の星が輝き、まるでお伽の世界そのものでした。楽しいひとときも終わり、汗びっしょりになった子どもたちをお風呂に入れることになりましたが、これもお父さんたちの役割で、親子ふれあいのひとときを楽しみました。疲れたはてた子どもたちは布団に入るとグッスリと眠り、夢の世界に入っていきました。

そのあとはいよいよ大人の懇親会です、子どもたちを起こさないようにと寝室から遠く離れた部屋で始まり、夜の更けるのも忘れて語り合いました。毎日、子育てと仕事に忙しい親同士がゆっくりと語り合うことはとても大切であると実感したひとときでした。

そして、私がホントに大きな衝撃を受けたのは、多くのお父さんたちから「ほんとに来てよかった」「童心に戻れて楽しかった」「たくさんの人と話すことができてよかった」など感謝の言葉をいただいたことです。私は中能さんのアドバイスに基づき一生懸命に準備はしてきましたが、不安でいっぱい。しかし感謝の言葉をいただき、その不安も吹き飛んでしまいました。何よりもそれぞれのお父さん、お母さんたちと深い絆で結ばれた気がしました。このことは、後々の人と人との繋がりがいかに大切かということに気がつくための第一歩だったかもしれません。

それから5年間ほど学童クラブの父母会の役員をやりながら、夏のキャンプ、冬のスキーキャンプなど少しずつ経験を積んできました。

1989年の春ごろ、中能さんから今年の夏休みに社教センターのキャンプを手伝ってくれないかとの打診があり、いろいろ考えた末に、まあこれも人生経験、恩返しと思って引き受けることにしました。子どもたちが夏休みに入ると同時に、7月21日~27日までの6泊7日、東京から約1000㎞も移動した「南九州自然学園・甑島《こしきしま》」海洋キャンプがスタートしました。

子どもたちは小学校4年生から中学1年生まで37名、社会教育センター職員2名、大学生リーダー1名、社会人リーダー2名、高校生サブリーダー1名の総勢43名で構成され、4年生（10歳）の私の長男も参加しました。また現地でのプログラムは食事作りももちろんですが、そのほかは海、海、海。磯遊び、砂浜でのレクリエーション、泳ぐ、泳ぐ、泳ぐと、東シナ海の透明な海でひたすら海遊びに興じることができました。

キャンプリーダーは個性的でパワフルで一見異様な人種に見えます。しかし、子どもたちのことが大好きで、温かく一生懸命で、お節介なくらい優しい。子どもたちと接するときは決して上から目線ではなく、同じキャンプの仲間同士であることを大切にしました。あるときはホームシックで部屋の片隅で小さくなっている子どもに根気よく語り掛け、いろいろと話を聞きます。1時間、2時間と時間が経ち、やがてちょっとはにかんでグループに戻ってくる子ども。関わったリーダーのホッとした表情が印象的でした。

朝、昼、晩と寝食をともにしていると、それぞれの子どもたちの個性もよくわかってくるし、子どもたちとの親密な関係がますます構築されていきます。そして、高校2年生になった長男（17歳）は1996年よりサブリーダーとして南九州自然学園に復帰。年齢がより子どもたちに近いということもあって、我々社会人リーダーとはちょっと違った触れ合いをつくってくれました。

ここのキャンプでは、まずはリーダーたちがめいっぱい楽しむことにしていましたが、その雰囲気が子どもたちに伝わっていき、子どもたちも真剣に遊ぶようになり、遊ぶ楽しさの共有もできてきました。また、縦割りの年齢構成のキャンプですが、年齢が違えば体力や経験、知識も違います。しかし、子どもたちは一緒に遊びを進めていくなかでルールを変更したり、新たな遊びを加えたり、まさに遊ぶ楽しさの共有ができ上がっていきました。その結果大きな怪我をする子もなく甑島の海を十分に楽しむことができました。何よりも必死で遊ぶ子どもたちの笑顔はリーダーたちの宝物であり、リーダーも自然に子どもたちの仲間に入っていくことができました。

甑島でのキャンプは9年間続きましたが、キャンプは自然と触れ合うことや仲間とのコミュニケーションを通じて、協力して生活を作り上げていく体験（学び）をするには、非常に有効な機会です。特に成長期にある子どもたちにとっては、保育園でも、学校でも、地域でも、そして家庭でも思うように体験できないことがキャンプを通して学ぶことができます。

こうした貴重な機会をこれからも提供していくのが我々大人の義務だと考えると、私たち大人がすべきことは、社会や子どもたちの変化を嘆くことより、失われた体験の機会を意識的に、計画的に少しでも増やし取り戻すことだと思います。

あのときの私の勘はすごかった

ジュニアクラブOG・保護者　大湖久美子（81歳）

子どもクラブとの関わりのきっかけは？　と考えても、遥か40年以上も前のこととなり、もう記憶は定かではないのです。そのときは〝ただ、これだ！〟と私の勘がみごと働き、三人の娘が日野社会教育センターの子どもクラブにお世話になりました。

それは〝学習塾ではなく、仲間とふれあい、自然とふれあう遊び中心のクラブ〟でした。活動は月に2回くらいでしたが、室内での活動に加え、野外に出かけることもあり、たくさんの仲間と遊びきった子どもたちは満足した笑顔で帰ってきました。いま振り返ってみて、あのときの私の勘はすごかったと自慢したくなるくらいです。

私の子ども時代は近所のお兄ちゃんお姉ちゃん達と多摩川で遊んだり、木登りしたり、親が見ていたら止めたに違いない、少々ヒヤリとする冒険もしました。

親は子どもが可愛くて心配なのは当たり前です。しかし〝かわいい子には旅をさせろ〟とも。そこで、三人の娘たちを子どもクラブの活動に参加させることにしました。その結果、精神的にも肉体的にも逞しく育ってくれたと感謝しています。

いまの社会は異年齢の子どもと遊ぶことも少なく、絶えず親の目があって子どもの行動はチマチマしたものになっている気がします。

私が子育て真っ最中だったころ、子どもの行動について悩みを相談したとき「自分のその時代はどうでしたか?」という中能先生の問いかけがいまでも心に深く残っていて、ことあるごとに役立っています。先生はじめ日野社会教育センターの先生方と関わることで私も一緒に学ばせていただき、成長させていただきました。

いまこのような時代だからこそ、子どもたちが仲間とふれあい、自然のなかでのびのびと遊ぶ活動が、もっともっと広まることを心から願っています。

個性を伸ばし、たくましい子どもに

ジュニアクラブOG・保護者　山本晃子（77歳）

子どもはさまざまな体験をして成長していく。四季折々の自然を楽しみ育む野外活動の拠点として、地域に日野社会教育センターの「自然学校」があることを知り、小学一年生から参加させました。当時の館長岩崎勝二氏は、地域の教育力を高めようと「子どもの生きる力」を、そして「わが子はたった一人の気質、性質、可能性を持つ存在。それだけにわが子なりの子育ての方針を持つことが大切」と親に説いていました。

わが子は特に体が小柄で、学校でも常に先頭さん。自分の体より大きなリュックを背負った姿を見送るのは内心穏やかではなかったが、頑張り屋でおとなしいが努力型、この野外活動はきっとこの子の個性を伸ばし才能を咲かせると信じた。

高学年になって参加した「佐渡島自然学校」。日本海に素潜り、自らウニを見つけ、その場で食べる体験は、都会で育った子どもには感動であった！　班長にも選ばれ、「よく頑張ったね」のリーダーの一言に褒められた喜びを感じたと、夢中で話してくれました。親として「子どもが変わった！」と実感した瞬間でした。それ以降、何事にも積極的になり、勉強も言わなくてもやるようになり、大学に入ったころは一人で海外に出かけ友人をつくり、大人になったいまもアウトドアクラブで百名山踏破に挑戦。

どんな時代でもたくましく生きていける子ども。好きなことを見出す力のある子ども。個性を育てることは、まさにこの活動のなかで培ったものだと言えます。私自身も親として、子どもを伸ばすために大勢の仲間と学び、共感し、影響しあって生きてきました。いい人生の師に出会い、仲間がいて、親子ともども学んだ社会教育センターに感謝しています。

今の時代にこそ、自分で考えて行動する子になってほしい

ジュニアクラブOG・保護者　永田治代（73歳）

上の娘が小学校の1年生になりたてのころ、お友達のお母さんからのお誘いで日野社会教育センターの子どもクラブに入会しました。

当時の娘は、今では考えられないほど引っ込み思案で、友達の後ろに隠れているような子でした。そんな娘を、学校以外の友達の中で自分の居場所を見つけられたらと思い、一人で電車で通わせることにしました。

わが家は、センターのある豊田へ行くには電車の乗り換えが2~3回ある、少々不便な場所にあります。ある日たっぷり活動を楽しんで帰ってくるとき、立川から乗った奥多摩行きの電車で寝過ごし、奥多摩まで行ってしまったことがありました。そのときは、下の息子も一緒だったのですが、外が暗くなり心細くなって電話をかけてきた娘に「とにかく二人で帰ってきなさい！」と迎えに行くでもなくそう言ったという話を、今でも二人に言われます。

私も参加したナイトハイクでは、センターから高尾まで夜中に大勢の親子で歩き通し、明け方明るくなった空と空気のすがすがしさを今も思い出します。現代では考えられないような、中能先生とリーダーの「子どもたちの自由な発想を尊重して実現させたい」という方針のもと、たくさんのことを学ばせていただきました。おかげさまで、娘は大学4年間をセンターのリーダーとして活動に没頭し、幼いころの娘では考えられないくらい成長させてもらいました。

時々、子どもとの関わりに悩んでいるお母さんに、私の体験からセンターの活動を話しておすすめするのですが、「じゃあ、手放してみよう」というお母さんはほとんどいません。今の時代にこそ、子どもクラブのような活動はとても大切。ところが、あれも心配、これも心配で。子どもの伸びようとする芽を摘んでしまいます。こうして自分で考え行動することのできない子どもがいま、大人になってきていると感じます。

自分の子さえよければよいというのではなく、周りもよくならなければ自分の子にもよいことは回ってこないと知って欲しいのです。そんな風に、いま子育て真っ最中のお母さんたちを憂う、昔若かった私です。

「森遊び」で育まれる力

啓明学園初等学校　結城しのぶ　野川千絵

２０１３年夏の教員研修会で、デンマークの森のようちえんの映像を見ました。二人の男の子が木の枝を手に持ち、列から離れて寄り道をしています。「この子たちはゴールを知っているから大丈夫」というのが、ようちえんの先生の考えでした。ゴールに着いた子どもたちは、今度は木登りを始めました。なかなか登れない子がいました。見かねて、おしりをぐいと持ち上げたのは、森のようちえんの見学者でした。先生達は、自分の力で登れた子は、自分の力で下りられると考えています。登れる子ばかりではなく、登れない子がいるのは当たり前。自分の力を知ることが大切だから、余計な手助けはしないそうです。

この映像を紹介してくださったのが、野外活動に45年以上携わる、この本の筆者である中能孝則さんです。本校では、それまでにも、社会や理科、総合の授業で豊かな自然環境を生かした学習をしてきました。教科の学習ですので、教師が設定した活動を通して、何かを教えるという内容のものでした。

映像を見た後、改めて啓明の森を歩き「敷地の中の森で遊べる学校はめずらしい！」という中能さんの言葉に励まされて、これまでとは全く違う発想で森を生かすことを考え始めました。そして、大人が教えたり助けたりすることのない、啓明学園の「森遊び」の時間が生まれたのです。

敷地の中の森は、四季を感じられる自然がいっぱいで、ウグイスの鳴き声で春を、緑が生い茂る木からは夏を、赤とオレンジの美しいグラデーションの紅葉からは秋を、氷や霜柱で冬を感じることができます。グミやビワ、カキなど美味しい木の実に出合うこともあります。

啓明の森は、森遊びの時にだけ行くことのできる特別な森です。校舎と森の間には「見えない線」があり、その線をまたぐと、ルールはたったの二つ。「大人の見えないところに行かない」「危ないと言われたらやめる」というものです。森では、長い棒を持って歩いたり、木に登ったりと自由に遊ぶことができます。

本校では、月に1回を目安に森遊びを行っています。森遊びは、低学年のみの活動です。1年生の最初の森遊びの時間は、すぐに広い森の中を自由に走りまわる子どももいますが、何をすれば良いのかわからず、教師の近くにいて教師と遊ぼうとする子どももいます。しかし、月に1回の森遊びでも、子どもに少しずつ変化が見られます。森の中では、虫を探したり、藪の中を探検したり、木登りや高い塀からジャンプするなど、教室の授業ではできないことが体験できます。そして、教師はその様子をひたすら見守ります。

次第に教師が遊びを提案しなくても、広い森を探検し、面白そうなものを自分で発見することができるようになるのです。そして、森の中で好きな遊びを自分で考え、友達と一緒に、更にイメージ豊かに遊びを広げていくのです。

教室の算数の授業の中で計算が苦手な子、国語の授業の中で自分の思いを文にして表現することが苦手な子が、遊びの中で、大活躍することがあります。ある日、のこぎりで竹を切る活動をした時のことです。うまく切れないとすぐにあきらめてしまう子どももいる中で、その子は竹が切れるまで黙々と集中して切っていました。また、友達がのこぎりを使っているときも、どこを支えてあげたら友達が切りやすいかを考え、必要なところをしっかりと押さえて助けてあげることができたのです。

ある日、男の子がただひたすら下を向いて何かをのぞき込んでいました。「何を見ているの」と聞くと、

▲きらきら光る物が見つかった

「見てごらん、何かキラキラ光っているよ」。

それは初夏の太陽に照らされて輝いていたガラスの破片のようなものです。しかし見る角度によっては様々な色に輝いて見えとても綺麗でした。

彼はその不思議さに見とれていたようです。大人にとってはただのガラスの破片。しかし子どもにとっては、不思議なものを見つけた喜びの一瞬だったのかもしれません。

子どもが自分で感じ、考え、夢中になる中で、まさに生きる力が育まれていくのが森遊びなのです。

エピローグ——心に残る出来事

〝もはやこれまでか〟と進退伺を出す

日野社会教育センターに勤務して10年、私が担当していた中学生のクラブでも、3月末には1年間の締めくくりの活動として、センターで合宿をしながら文集を作っていました。その活動にはいつもならボランティアのリーダーも一緒に取り組んでくれるのです。その年はリーダーのスケジュールが合わず、30人の子どもたちと私だけで「文集づくり」をすることになりました。

集まった子どもたちと、表紙の作成、目次づくり、ページの割り振り、名簿の作成、原稿が提出できていない仲間への連絡、食事づくり、印刷等々の役割分担を行い、さあ、作業スタートです。

初日の夕方には何とかめどが立ち、食事のあと、いよいよ印刷となりました。印刷機は私しか動かせないので、数人の子どもと一緒に印刷室に閉じこもり、ねじり鉢巻きで頑張りました。そして印刷できたものから順番に二階に運び、組み作業をしていきました。

製本ができたのは深夜になっていました。ひとつのことをなし終えた子どもたちと満足感にひたりながら、これまでの活動を振り返り夢中で話し込みました。時間を忘れて語り合うのは実に楽しいものですが、明日のことを考えて午前2時ころには全員寝袋に入りました。

夜が明けて朝食も終わった子どもたちは、完成したての文集を持って帰りました。それを見送る私も〝これで1年の締めくくりができた〟との安堵感でしばらくは放心状態でした。

しかし、しばらくすると、清掃の方から二階に来てほしいと呼ばれました。行って見ると、昨日確かに空にして置いたはずのごみ箱の中からビールの空き缶が出てきたとのことです。

まさかと思いつつ、数人に電話してみると、「先生が印刷室にいる間に、男の子たちが自動販売機でビールを買ってきて飲んでいた」と話すのです。直ぐに上司と館長に報告し、ビールを飲んだ子どもたちと保護者のみなさんに、センターに来てもらいました。集まった子どもたちはうなだれ、青ざめていました。館長から私にことのいきさつの説明を求められました。昨日子どもたちが集まってから今朝帰るまでのこ経緯を説明し、「私の計画の甘さがこのような結果を招いてしまい、大変申し訳ありませんでした」と謝罪しました。

岩崎勝二館長や上司も深々と頭を下げて謝りました。ところが、保護者の方から、「謝らなければならないのはこちらの方で、センターの方ではないと思います」と話されます。ほかの方々からも、「子どもたちがとんでもないことをしでかしてしまい、こちらこそ本当に申し訳ありませんでした」と頭を下げられます。「今後のことはまた連絡させていただきます」とお伝えし、それぞれ帰っていただきましたが、当然のこと、館長からはかなり厳しい注意を受けました。ことの重大さに私は、これ以上センターに迷惑をかけてはいけないと覚悟を決め、進退伺を提出することとしたのです。

一方、子どもたちは連日、自主的にセンターに集まり、自分たちが起こしてしまった行為を振り返り、反省文を書いていました。落ち込んでいる私を見かねた同僚の職員は、私の代わりに子どもたちにつきそってくれました。

子どもたちは、館長室の扉をたたき、反省文を渡して謝罪しました。館長は、「自分たちが大切にしている活動を自分たちの行動でだめにしないようにしてください」と諭されました。

数日後、館長から呼ばれ、「再びこのようなことが起きないように注意して活動してください」と話され、私の進退伺は返上されました。

改めて謝罪をして館長室をあとにしようとすると、

「中能さん、あなたはすてきな子どもたちに恵まれていますね」と、言葉をかけてくださいました。ドアを閉めた後、ふと外を見ると一面を真っ赤に染めた夕焼けが実にあざやかで、「今日のことを忘れてはならぬ」と言わんばかりに心の底まで染み込んできました。

私の未熟さを救ってくれたのは子どもたちとその保護者のみなさんだったのです。

「右足のスペアはないですか」

日野社会教育センターに就職して困ったことは、雪遊びとスキー教室の引率でした。鹿児島県の島育ちの私は、スキーをやったことがなかったのです。が、いつも担当を雪遊びのリーダーにさせられました。

いつかはスキーの指導もできるようになりたいと思い、仲間と一緒にスキーに出かけたり、スキー学校にも入ったり。時間はかかりましたが、それなりに滑れるようになりました。そのうちにスキー教室も担当することになり、スキーの教則本は何度も繰り返し読んで、少しずつ理解していきました。

スキー場でベテラン先輩の指導方法を真似しながら教えていたある年のこと、担当した6人の子どもたちのスキーを見ていると、まっすぐに滑ることはできても、止まれない子どもがほとんどです。そこで、自然に止まることのできる大きなすり鉢状の場所を選んで、何度も何度も、まっすぐ滑ることができるようになるまで指導しました。

子どもたちの運動神経はたいしたもので、2日目の練習が終わるころには、右へ左へと曲がれるようになり、自分の止まりたいところで止まれるようになったのです。

2日目の夜のミーティングでは、「中能さんの班はだいぶうまく滑れるようになったので、明日はリフトで中間地点まで上がっていいですよ」との許可が出ました。もう3日目はワクワクしながら子どもたちとリフトに乗り、あこがれの中間地点で昨日までの復習を行っては、滑り方の確認。私が列の先頭になって滑りました。

午前中のスキーを十分に楽しみ、子どもたちのレベルはぐんぐん上達していきました。昼食後も、リフトで上がっては滑る練習をしていましたが、ふと時計を見ると2時半を回っています。そこで、ここらが潮時と判断して練習を終わることにしました。ところが、スキーの楽しさを覚えた子どもたちから「もう少し滑らせてほしい」と声が上がります。しかし〝3時前後は思いのほか身体も疲れて、集中力もなくなりつつある魔の時間帯なので、十分に注意してください〟とも責任者から言われていたので、「今日はやめよう」と話したのです。すると、小さいときからつきあっていた大祐君から「一生のお願いですからあと1本滑らせてください！」と懇願されました。そこでポケットを見るとリフト券が6枚あります。子どもたちは、全員行きたいとのこと。私は迷いに迷ったあげく、今の子どもたちのレベルなら大丈夫だろうと判断して「絶対に無理はしないように」と念を押した上で、子どもたちだけをリフトに乗せました。

リフトの終点に着いた子どもたちは、「これから滑ります」と合図。順調に滑りはじめました。3日間の成果もあり、一列に並んで上手に滑ってきました。

中間地点にさしかかったころ、先頭の子どもが転ぶのが見えました。「何もなければよいが」と思っていましたが、やがて場内アナウンスで私の名前が呼ばれました。まさかと思いつつ急ぎ事務所に行くと、「子どもさんが怪我をしたみたいです、パトロール隊のスノーモービルに乗って現場に向かってください」とのこと。「大きな怪我をしていなければいいけど」と思いつつ現場についてみると、大祐君の右足は膝から下が外側に90度も曲がっていました。痛そうに顔をしかめている大祐君に「ごめんよ、ごめんよ」と謝りつつ、自分の判断ミスを悔いました。

すると、大祐君が私に言うではありませんか。

「中能先生、右足のスペアないですか」。

緊張していたその場の空気がその一言で一気になごみ、パトロールの隊長さんから、「そこまで元気なら大丈夫だ」と励まされて病院に向かいました。

西に傾きかけた夕日に照らされ大祐君の容態を心配しながら見送る5人の仲間は、大祐君を乗せて雪原の上を降りていくスノーモービルが見えなくなるまで、身じろぎもせずその場に立ちつくしていました。


日野に帰ってからすぐに、ご自宅に謝罪に伺ったところ、日ごろからおつき合いをさせていただいているご両親からは、「うちの子がご迷惑をかけてかえってすみませんでした」と、逆に頭を下げられました。

それからの指導は、〝午後3時前後は悪魔がほほ笑む時間〟と心に決めて、もう少し遊びたい、滑りたいと思うことがあっても、そこで終わるようにしています。

何ものにも代えがたい自分を見つけ出すスイッチは、すべて森遊びの中に

人はだれしも得意なこともあれば、不得意なこともあります。そして、どちらかといえば、不得意なことは目立ちやすいが、得意なことは目立ちにくく、なかなか気がつかないものです。その両方に気がつき、コントロールできる生き方ができれば、人生はなかなか楽しいものになります。

子ども時代の遊びの中には、得意、不得意なことに気がつくきっかけになるものが沢山あります。特に、自然のなかでの遊びには、そのすべてがあるように感じます。それは、壁もなく天井もなく、難しい約束もない、自由に遊べる仲間、時間、空間があるからです。

幼児期の子どもたちは、自己中心的な遊びが多く、仲間と一緒に遊ぶということは少ないのですが、自己

中心的な遊びをたくさん体験した子どもたちはやがて群れて遊ぶことに興味を持つようになり、仲間と協調し、自分たちで創造して思う存分に遊ぶことが楽しいということに気がつくようになります。

また、自然のなかの遊びには、スリルを満喫し、ワクワクするダイナミックな遊びもある一方、その隣には、ヒヤリとするようなリスクもあり、その時判断したことが結果に出てきます。この遊びの繰り返しで、リスクを察知し、回避していく直観力が育っていきます。

しかし、時にはうまくいかないこともあり、失敗して落ち込むこともありますが、遊びを様々に工夫して取り組んだ体験は、気持ちの切り替えも上手になり、失敗から立ち直る力も身につけていきます。

そして、遊びを通して、誰とも比べられない、何ものにも代えがたい自分を見つけ出すスイッチを手に入れることができ、それらの積み重ねが様々なことを判断できる自立した社会人へとつながり、どのような世の中になろうとも生き抜いていく知恵が育っていきます。

「幼児期に、これだけ自由奔放に遊んでいると、学校に入った時に椅子にじっと座っていることもできず、先生をやや困らせることもあるようで、このまま森遊びを続けさせてもいいのだろうか」と心配される保護者の方もいらっしゃいますが、それは数か月の辛抱です。

やがていま起きていることを理解でき、自分はどうすればよいかの判断ができるようになります。すると、仲間とも協調でき、学びの楽しさを見つけ出し始めます。森遊びの体験が基本になり、想像力も豊かに自分の意見を積極的に出せるようになります。

そして、自分の生き方に自信を持ち、自分らしい生き方を歩み始めます。保護者の方々も、子育てに不安はつきものですが、幼児・青少年期は、時を忘れて思い切り遊んでいる子どもたちの未来を信じて、〝わが子は大丈夫〃と自信をもって見守ってほしいです、併せて、〃子育ては楽しいもの〃と、大自然のようにおおらかな心と笑顔で見守ってほしいと願っています。

「森のようちえん&冒険学校」は、全ての子どもたちが森遊びを通して、自分らしい生き方ができる、心のスイッチ探しのお手伝いをしていきます。

▲大人気　高さ10メートルのブランコ

自然の中で遊ぶ子どもたちは、花や木や虫とすぐ友だちになって遊ぶ。枯れた枝や葉っぱや目に見えない風とでも、すぐ友だちになって遊ぶ。子どもは遊びの天才。その才能は、自然のなかで磨かれる。壁もない天井もない、見返りを求めない自然のなかで思い切り遊ぶことで。

大きく揺れるブランコを眺めていると、子どもたちの笑顔が浮かんでくる。そして、いま大人は何をしなければならないのかを問われているような気がした。

あとがき——子どもたちを野外で遊ばせたいと思っている保護者の応援に

南九州・鹿児島県の甑島《こしきしま》に生を受けた私は、15歳まで島で過ごしました。両親は、牛を飼いながら山仕事で私たち兄弟3人を育ててくれましたが、生活は楽ではありませんでした。学校から帰ると、両親の待つ山の畑まで、牛の堆肥を背負って1時間ほどかけて登っていきました。汗びっしょりになって到着すると、それを待っていた母は仕事の手を休め、畑に転がっているスイカのなかから熟れていそうなものを取ってきて、鎌で切り分けて食べさせてくれました。私たちは、喉を鳴らしながら食べました。気がつくと、そばにいた母は、私たちが食べたあとの端っこをほほ笑みながら食べていたのでした。

夕方には今日の仕事を終わり、兄弟3人交代で父の引く牛の背中に乗せてもらい、西の海に沈みはじめた真っ赤な夕日を眺めながら、ゆっくりゆっくりと山道を下っていきました。そよ風を感じながら実にゆったりとした時間が過ぎていきました。

仕事のない日は、港で魚釣りを楽しみ、海に潜って貝を取り、時には捕れたタコと格闘し、海の水をむせるほど飲んだりしました。また山に出かけては、野ウサギを追いかけまわしたり、木の実を取って口いっぱいに頬ばったりと、夕暮れまで遊びました。

私が小学校3年生のときの担任の先生は、授業の合間を見ては、磯遊び、川遊び、山登りと、春夏秋冬校外の活動に連れて行ってくれました。砂浜に行くと棒切れで漢字を書いて読み方を教えてくれたり、河原に行くと石ころを並べて掛け算や九九を教えてくれたり、また山に行くと、道端にある植物の名前や、木の実の取り方を教えてくれました。その活動は実に楽しく、教室で教わった授業よりも野外で教わったことの方がいまでもあざやかに覚えているのが不思議です。

このような思い出を記憶の底に、人と関わりながら野外での活動がしたいという思いが募り、日野社会教育センターに就職したのです。

センターは、50年の歴史を持っており、日野市のご協力をいただきながら運営している民間の社会教育施設です。このような運営形態の施設は、全国的に見ても稀なケースだと思います。

一方、民間で運営する社会教育施設の運営は実に厳しく、生活は楽ではありませんでした。しかし、ここでの仕事は実に楽しく、一口でいうならば〝朝が来るのが待ち遠しい毎日〟でした。特に子どもたちと多くのリーダーと一緒に取り組んだ「子ども会活動」、「自然学校」、そして森のようちえん活動は、私のライフワークとなりました。

現代社会では、親も子も忙しく「あれをしなさい」「これをしなさい」と、子どもが大人の価値観に振り回され自分で遊びを見つけることができずにいるのではないでしょうか。

人生100年時代を迎え、どのような時代が来ても〝自分らしく生きていくたくましい子ども〟に育ってほしいと願っています。そのためには、幼児・青少年期に自然の持つ神秘さや不思議さに目を見はる感性を育み、心ときめく自然とふれあい、仲間とともに自由な遊びをどれだけ体験したかは、決定的に大切であると思います。

しかし、わずか30~40年の間に、私たちが自由に遊びまわった自然は遠のき、逆に情報過多といった環境のなかで、子育てが難しくなってきています。このような現代だからこそ、本来の自分を見つけ出す一つの手立てとして、自然のなかで思い切り遊ぶことが大切ではないでしょうか。

まずは、身近にある公園で遊んだり、自然散策やハイキングなど、少し手間暇をかけて子どもたちと一緒に自然のなかで遊んでほしいと思います。

また、全国あちらこちらに、森のようちえんや自然学校などがあります。体験入会から始め、親子ともに納得し、信頼できる団体の活動に参加されるのも一案ではないでしょうか。


最後になりましたが、汐見稔幸先生、内田幸一理事長にご指導、お力添えをいただきました。また、この本を中身の深い本にしていただくために、ご尽力いただいた皆さま、職場の同僚たち、デンマークよりたくさんの資料をご提供いただいた澤渡夏代ブラントさん、〝読む側にたって〟とのあつい思いから、時間をかけて校正していただいた友人の佐藤慎一さん、橋本淳さん、長年お付き合いのあるKフリーダムの桐野昌三さんから励ましをいただきました。加えて家族の励ましがあって今日を迎えることができました。

心より感謝申し上げます

２０２１年　新緑のころ

中能孝則

参考資料

日本の森のようちえんのはじまり

（NPO法人　森のようちえん全国ネットワーク連盟　ホームページより抜粋）

日本で〝森のようちえん〟という言葉が使われ始めたのは、1995年に出版された石亀泰郎著『森のようちえん』に続いて、1999年に出版された石亀泰郎著『さあ森のようちえんへ』によって、デンマークの森のようちえんが日本に伝えられてからのようです。

しかし、「森のようちえん」という言葉を使う以前から、「青空保育」「おさんぽ会」という取り組みはあり、さらにそれらは母親たちの願いによって自主的に行われていたというところが、現在の日本における森のようちえんの原点のように思えます。

2005年に宮城県くりこま高原にて第1回森のようちえん全国交流フォーラムを開催してから、野外教育・環境教育の分野で耳にする機会が増え、森のようちえんを立ち上げる仲間が増え、いまでは全国の都道府県にひとつは存在するくらいの社会的認知度を得てきました。

森のようちえん宣言

すべての子ども達にたっぷりの愛と自然とのふれあいを。

子育てを支え合い、喜びに満ちあふれた社会の実現を目指します。

子ども達よ、命の根っこを輝かそう。森で、海で、里で、この空の下で。

森のようちえん全国ネットワーク　2014年11月24日

「森のようちえん全国ネットワーク」が考える森のようちえんについて

近年、わが国での子どもをとりまく環境は一段と厳しさを増しています。なかでも幼児の自然体験をはじめとする体験活動の欠如が指摘されています。そのようななか、乳児・幼少期の子どもたちへ自然体験の機会を提供しようと活動する団体や個人が増え、「森のようちえん」という呼び名の活動が広まってきています。

北欧諸国で始まったとされる「森のようちえん」野外保育ですが、わが国でも恵まれた自然環境を利用してさまざまなスタイルの活動が行われています。それは統一された細かな規定の上で活動しているものではありません。しかし、それぞれ運営者独自のスタイルのなかに、いくつかの共通する点があります。その共通する事柄を、広義の「森のようちえん」として以下に述べます。

「森のようちえん」とは――

自然体験活動を基軸にした子育て・保育、乳児・幼少期教育の総称。

「森のようちえん」という名称について――

【森】は森だけでなく、海や川や野山、里山、畑、都市公園など、広義にとらえた自然体験ができるフィールドを指す。

【ようちえん】は幼稚園だけでなく、保育園、託児所、学童保育、自主保育、自然学校、育児サークル、子育てサロン・ひろばなどが含まれ、そこに通う0歳からおおむね7歳くらいまでの乳児・幼少期の子どもたちを対象とした自然体験活動を指す。

すべての子どもたちのすこやかな成長を願って

日本国憲法第二十五条には、

1　すべて国民は、健康で文化的な最低限度の生活を営む権利を有する。

2　国は、すべての生活部面について、社会福祉、社会保障及び公衆衛生の向上及び増進に努めなければならない。

とうたわれています。このことを私たちの視点で考えてみると、健康で文化的な生活が最低限保障されていることが

「生存権」の定義となっており、国にはそのために社会福祉ないし社会保障などの生活インフラを充実させる義務があります。また、私たちは「健康かつ文化的な生活が最低限保証されている」ということとは、具体的にはどのようなことなのかを深く学ぶ必要があります。

そして、子どもたちの健康で文化的な生活が最低限度保障されるよう、昭和26年5月5日、「児童憲章」が制定されました。その内容は、全文十二条にわたる児童の権利宣言です。

われらは、日本国憲法の精神にしたがい、児童に対する正しい観念を確立し、すべての児童の幸福をはかるために、この憲章を定める。

★児童は、人として尊ばれる。
★児童は、社会の一員として重んぜられる。
★児童は、よい環境の中で育てられる。

一　すべての児童は、心身ともに健やかにうまれ、育てられ、その生活を保障される。
二　すべての児童は、家庭で、正しい愛情と知識と技術をもって育てられ、家庭に恵まれない児童には、これにかわる環境が与えられる。
三　すべての児童は、適当な栄養と住居と被服が与えられ、また、疾病と災害からまもられる。
四　すべての児童は、個性と能力に応じて教育され、社会の一員としての責任を自主的に果たすように、みちびかれる。
五　すべての児童は、自然を愛し、科学と芸術を尊ぶようにみちびかれ、また、道徳的心情がつちかわれる。
六　すべての児童は、就学のみちを確保され、また、十分に整った教育の施設を用意される。
七　すべての児童は、職業指導を受ける機会が与えられる。
八　すべての児童は、その労働において、心身の発育が阻害されず、教育を受ける機会が失われず、また、児童としての生活がさまたげられないように、十分に保護される。

九　すべての児童は、よい遊び場と文化財を用意され、悪い環境からまもられる。

十　すべての児童は、虐待・酷使・放任その他不当な取扱からまもられる。あやまちをおかした児童は、適切に保護指導される。

十一　すべての児童は、身体が不自由な場合、または精神の機能が不十分な場合に、適切な治療と教育と保護が与えられる。

十二　すべての児童は、愛とまことによつて結ばれ、よい国民として人類の平和と文化に貢献するように、みちびかれる。

この憲章が制定されたのは終戦直後であり、荒廃した社会環境のなかでも、子どもたちを守り育てて行こうという願いが込められていたと思います。また、国と地方自治体が、保護者とともに子どもたちを心身ともに健やかに育成する責任を負うための努力をしていきましょう、と定めています。

児童憲章はこのことを、子どもたちの立場にたって、権利として確認したもので法的な効力はありませんが、国も制定にかかわった一員として、児童憲章を政治に生かす責任を負う立場にあるのではないでしょうか。

さらに、子どもの基本的人権を守るために定められた「子どもの権利条約」が１９８９年11月20日に第44回国連総会において採択され、日本では１９９４年に批准を行いました。

「子どもの権利条約」では、大きく分けると四つの権利が定められています。

① 生きる権利

飢餓や病気などで死んでしまう子どもたちはまだたくさんいます。病気や怪我をしたらきちんと治療が受けられる権利などが定められています。

② 育つ権利

心とからだがすこやかに成長するために必要な、生活を送る権利、教育を受ける権利、自分の考えを持つ権利などが定められています。思想や宗教の自由についても尊重されます。

③ 守られる権利

虐待や搾取などから守られる権利が定められています。また子どもたちのプライバシーも守られる権利があります。

④ 参加する権利

知る権利や、自由に自分の意見を言ったりする権利が定められています。

子どもの権利を保障するのは大人の義務です。また、子どもたちが心身ともに健やかに成長していくよう応援し見守っていくのも大人の責任です。そして、その責任をはたすために健康で文化的な最低限度の生活を営んでいなければ、その責任を果たすことができなくなるではありませんか。

私たちの国日本は、子育てと仕事の両立が難しい社会であると言われています。だからこそ、子どもの成長は親だけで責任を持つのではなく、社会全体で子どもを育てていくという考え方に立つことが必要だと思います。

〝森のようちえん&冒険学校〟にかかわる私たち大人の役割は、「児童憲章」や「子ども権利条約」にうたわれている精神にいっそう近づくために活動を続けていくことだと思います。

私たち大人は、生活に少しでも余裕を持つ努力をし、子どもが健やかに成長する権利を保障するように努めたいものです。

私が感銘を受けた著書

▽澤渡夏代ブラント著（大月書店）
『デンマークの子育て・人育ち　「人が資源」の福祉社会』

　私が25年間デンマークに通ってお世話になった澤渡夏代ブラントさんの著書です。なんといっても最初に、「子どもは神様の贈り物、年寄りは芸術のたまもの」と記されており、この一言でこの本に誘い込まれました。また現地での研修中、澤渡さんは普通の幼稚園と森のようちえんとの違いは屋根があるかないかだけの違いですとも話され、目からうろこが落ちたものです。

▽レイチェル・カーソン著〔上遠恵子訳、森本二太郎写真〕（新潮社）
『センス・オブ・ワンダー』

　幼児・青少年の野外活動に携わる人のほとんどの人が、この本のことを知っています。レイチェル・カーソンは、地球のすばらしさは生命の輝きにあると信じていました。地球はあらゆる生命が織りなすネットで覆われている。その地球の美しさを感じるのも、探求するのも、守るのも、そして破壊するのも人間なのだと。写真も実に素晴らしい。

▽やなせ たかし作・絵（フレーベル館）
『やさしいライオン』

　ある国の野外動物園に、みなしごのライオンがいました。いつもぶるぶるふるえていましたから、ブルブルという名前でした。そこで、1匹のメス犬がライオンのお母さんのかわりをすることになりました。むくむく太っていたので、ムクムクという名前でした。姿、形の違う2匹の動物が、生きるためには何よりも愛情が大切である、と教えてくれている1冊です。

▽石亀泰郎著（宝島社）

『森のようちえん』

▽石亀泰郎著（頭脳集団ぱるす出版）

『さあ　森のようちえんへ』

森の中を一緒に歩いているぼくの心のなかにも、また爽やかなものが吹き抜けていく。この爽やかな気持ちを運んでくれる風はいったいどこから吹いてくるのだろうか。心を柔らかく癒してくれる、この森の肌触りはいったい何なのだろうか。何か大きな力が森の中にはある。その大きな力が、自然の中で生きることの喜びや恐れを子どもたちに教え、育ててくれているのだろうか。

▽相田みつを著（文化出版局）

『しあわせはいつも』

〝しあわせはいつもじぶんのこころがきめる〟そして、〝人生において最もたいせつな時　それはいつでもいまです〟とも書かれています。相田さんの本は、どの本を読んでも一つひとつのメッセージが心に響き、東京有楽町の東京国際フォーラムにある、相田みつを記念館に展示されている〝しあわせは　いつもじぶんのこころが　きめる〟が妙に納得できます。

▽星野富弘著（立風書房）

四季抄『風の旅』

初版『風の旅』は1982年に出版されました。当時30歳だった私は、心をふるわせながら読んでいた記憶があります。「神様が、ただ一度だけ、この腕を動かしてくださるとしたら、母の肩をたたかせてもらおう。風に揺れるぺんぺん草を見ていたら、そんな日が本当に来るような気がした」。という詩があり、お母さんへの愛と感謝の気持ちがとても素直に表現されています。

▽あっくん（菊間章紘）作、高橋智 監修（世音社）
『あっくんはたべられない』

あっくんは生まれつきの脳機能の発達のかたよりによる「食の困難と感覚過敏」という障害を持っていて、給食のときなど苦痛なこともあったようです。それはコミュニケーションの不足から発生しているように感じます。その解決の一つは、お互いのことを理解し合うことから始まります。ということを率直に教えてくれています。（アールスコープ　あっくんで検索。通販サイトもあります）。

▽能條 歩編著、田中住幸著（NPO法人　北海道自然体験活動サポートセンター）
『ときすまそう！　安全への感覚〜里山活動でのリスク管理〜』

子どもたちと一緒に野外活動を展開する指導者は、リスクをどのように回避していくかということを常に意識して活動をしています。書物で学んだり、研修を受けたりすることはとても大切ですが、その基本は、とぎすまそう！安全への感覚だと思います。では、どうすればこの感覚を研ぎすますことができるのか。それは、〈危険予知トレーニング〉の積み重ねだと思います。

▽リヒャルト・フォン・ヴァイツゼッカー大統領　演説全文［永井清彦訳］（岩波ブックレット）
『荒れ野の40年』

第二次大戦の終結40周年にあたる1985年5月8日、ドイツ連邦議会において、ヴァイツゼッカー連邦大統領が演説されたもので、結びに次のように述べています。

「若いひとたちにお願いしたい。他の人びとに対する敵意や憎悪に駆り立てられることのないようにしていただきたい。ロシア人やアメリカ人、ユダヤ人やトルコ人、オールタナティヴを唱える人びとや保守主義者、黒人や白人、これらの人たちに対する敵意や憎悪に駆り立てられることのないようにしていただきたい。

若い人たちは、たがいに敵対するのではなく、たがいに手をとり合って生きていくことを学んでいただきたい。民主的に選ばれたわれわれ政治家にもこのことを肝に銘じさせてくれる諸君であってほしい。

そして範を示してほしい。自由を尊重しよう。平和のために尽力しよう。公正をよりどころにしよう。正義については内面の規範に従おう。今日5月8日にさいし、能うかぎり真実を直視しょうではありませんか。」

当時、35歳だった私の心に深く染み込み、生きる羅針盤ともなった1冊です。

▽矢野一郎著（公益財団法人社会教育協会）

『豊かに生きる　心のはしら』

かけっこをしても馬にも鳥にもかなわない。力くらべをしても像にも虎にもかなわない。けんかをしてもヘビにもハチにも負けてしまう。バイキンにも負けてしまう。こんなよわい生物である人間が、今では地球上の上でいちばん強いものになっているのはなぜでしょう。著者の矢野先生は皆さんに問いかけ、人生を登山にたとえて、その正しい生き方の秘けつを語ってくださいます。学校で、家庭で、ぜひ皆さんで読み、話し合ってほしいものです。

中能孝則（なかよく・たかのり）

公益財団法人社会教育協会理事（日野社会教育センター元館長）
NPO 法人森のようちえん全国ネットワーク連盟監事
一般社団法人東京都レクリエーション協会理事
NPO 法人森のようちえん全国ネットワーク連盟講習会講師
自然体験活動指導者講習会主任講師／リスクマネジャー主任講師
日本キャンプ協会「キャンプ・ディレクター１級」

1951（昭和 26）年鹿児島県薩摩郡甑島生まれ（現・薩摩川内市上甑町）。

1974（昭和 49）年より公益財団法人社会教育協会日野社会教育センターに 45 年勤務。

子どもから高齢者まで楽しめるコミュニケーションマジック講座を開催して 40 年を迎える。

デンマークに学ぶ高齢者福祉＆子育ての研修を企画し、連続25年、のべ28回実施。

カナダに学ぶ高齢者福祉＆子育ての研修を企画し実施中。

内閣府主催 2008 年度第 15 回国際青年育成交流事業（カンボジア訪問）の団長として日本の青年 15 名を引率して渡航。現地の青年や国の教育関係者と交流。

2009 年、森のようちえん＆冒険学校を立ち上げ、企画・運営に携わる。ここでの実践を基にして、「森遊びで育まれる子どもの賢さとは」などの講演会活動多数。

連絡先
〒 191-0053　東京都日野市豊田 4-42-56
電話：090-5558-1440
Fax：042-589-3626
E-mail：nakayoku-t@hino-shakyo.com
ホームページ https://nakayoku.hinofuku.org/ （社会教育交流企画で検索）

森のようちえん冒険学校
－自然体験で生きる意欲と賢さを－

2021年5月25日　1刷発行

著者　中能孝則
発行　Kフリーダム（http://www.k-freedom.jp）
　　　桐野昌三（代表）
　　　〒182-0012 東京都調布市深大寺東町3-18-7
　　　電話＆Fax　042-487-0863
発売　株式会社太郎次郎社エディタス
　　　〒113-0003　東京都文京区本郷3-4-3-8F
　　　TEL 03-3815-0605　FAX 03-3815-0698
組版　有限会社閏月社
印刷　モリモト印刷株式会社

ISBN978-4-8118-4128-1　C0037

斎藤公子の本と映像

DVD ブック映像全集・斎藤公子の保育【全 6 巻】

脳科学者との対話／理想的な園の立地・設計／リズム遊び／描画／
トスカの微笑（障害児保育）／語り聞かせ　　一般価格　本体 35,000 円＋税
（大学・公共図書館）団体価格　本体 70,000 円＋税

〔写真集〕ヒトが人間になる さくら・さくらんぼ保育園の 365 日

川島浩・写真／斎藤公子・文　　A5 変型判上製　272 頁　本体 4,500 円＋税

子どもは描く 「さくらんぼ坊や」の子どもたち

斎藤公子・著　復刊 2019　　A4 判変型並製　168 頁　本体 5,000 円＋税

さくら・さくらんぼの障害児保育

斎藤公子・編著　復刊 2019　　A5 判並製　236 頁　本体 2,500 円＋税

森は生きている

斎藤公子監修名作絵本　復刊 2019　マルシャーク作／エリョーミナ絵
A4 判変型上製カラー 72 頁　本体 2,500 円＋税

黄金のかもしか

斎藤公子監修名作絵本　復刊 2019　インド民話／斎藤博之絵
A4 判変型上製カラー 48 頁　本体 2,500 円＋税

錦のなかの仙女

斎藤公子監修名作絵本　中国民話／斎藤博之絵　復刊 2019
A4 判変型上製カラー 48 頁　本体 2,500 円＋税

サルタン王ものがたり

斎藤公子監修名作絵本　プーシキン作／ゾートフ絵　復刊 2019
A4 判変型上製カラー 78 頁　本体 2,500 円＋税

『〔写真集〕ヒトが人間になる』は太郎次郎社エディタス発行、
その他は K フリーダム発行
〈太郎次郎社エディタス発売〉